本研究成果得到中国社会科学院国家高端智库建设项目和外交部中国—中东欧国家关系研究基金项目的资助。

智库 中社 **国家智库报告** 2016（53）
National Think Tank
**国际问题研究**

# 中国与捷克的战略伙伴关系：
# 现状、前景、问题及对策

刘作奎 鞠维伟 Richard Q. Turcsanyi Tereza De Castro 著

THE STRATEGIC PARTNERSHIP BETWEEN CHINA AND
CZECH REPUBLIC:STATUS QUO,PROSPECTS,PROBLEMS
AND POLICY SUGGESTIONS

中国社会科学出版社

**图书在版编目（CIP）数据**

中国与捷克的战略伙伴关系：现状、前景、问题及对策／刘作奎等著.
—北京：中国社会科学出版社，2016.12
（国家智库报告）
ISBN 978 - 7 - 5161 - 9484 - 3

Ⅰ.①中…　Ⅱ.①刘…　Ⅲ.①中外关系—研究—捷克
Ⅳ.①D822.352.4

中国版本图书馆 CIP 数据核字（2016）第 292487 号

| | | |
|---|---|---|
| 出 版 人 | 赵剑英 | |
| 责任编辑 | 王　茵 | |
| 特约编辑 | 喻　苗 | |
| 责任校对 | 郝阳洋 | |
| 责任印制 | 李寡寡 | |

| | | |
|---|---|---|
| 出　　版 | 中国社会科学出版社 | |
| 社　　址 | 北京鼓楼西大街甲 158 号 | |
| 邮　　编 | 100720 | |
| 网　　址 | http://www.csspw.cn | |
| 发 行 部 | 010 - 84083685 | |
| 门 市 部 | 010 - 84029450 | |
| 经　　销 | 新华书店及其他书店 | |

| | | |
|---|---|---|
| 印刷装订 | 北京君升印刷有限公司 | |
| 版　　次 | 2016 年 12 月第 1 版 | |
| 印　　次 | 2016 年 12 月第 1 次印刷 | |

| | | |
|---|---|---|
| 开　　本 | 787×1092　1/16 | |
| 印　　张 | 8.5 | |
| 插　　页 | 2 | |
| 字　　数 | 90 千字 | |
| 定　　价 | 39.00 元 | |

**摘要：** 2012 年，中国和中东欧国家启动了"16 + 1 合作"框架，捷克是中东欧 16 国之一。2013—2014 年中国领导人先后发起了共建丝绸之路经济带和 21 世纪海上丝绸之路的倡议（简称"一带一路"），中东欧 16 国包括捷克均纳入"一带一路"倡议框架下。2015 年 11 月，中捷两国政府签署了共同推进"一带一路"建设的政府间合作谅解备忘录。2016 年 3 月，中国国家主席习近平对捷克共和国进行国事访问，两国政府签署了《中华人民共和国和捷克共和国关于建立战略伙伴关系的联合声明》。在上述一系列重要事件的推动下，两国关系进入新的发展时期。本报告对中捷双边的政治、经贸以及人文交流等关系方面的现状和前景进行了研究探讨，并结合实地调研、访谈的结果，提出了当前两国关系领域中存在的各种问题并从智库的角度提出了相关对策。

本书的第一部分对中捷两国近年来的政治关系，尤其是捷克对华政策的发展和转变进行了回顾，勾勒出中捷关系"由冷转暖"的轨迹；分析了捷克国内不同阶层、团体在发展对华关系上表现出的不同态度，包括捷克的藏独和人权组织、捷克知识分子阶层、社会舆论以及政府内部在对华关系上的各种表现。

　　本书的第二部分运用大量经贸、投资相关统计数据，对捷克当前整体外贸和投资环境进行了分析；考察了捷克市场对中国企业的吸引力，捷克具有哪些吸引中国企业投资的产业领域，中国企业在捷克投资现状以及前景。

　　本书的第三部分重点介绍中国与捷克在贸易、投资领域存在的主要问题，如中捷两国之间的贸易逆差问题等。

　　本书的第四部分对中捷两国近年来人文交流的情况、存在的问题进行了介绍，并认为中捷双边的人文交流还处在初期阶段但发展潜力很大。

　　本书的第五部分对中捷关系的未来发展趋势进行了分析，并从政治、经贸投资和人文三个方面对发展中捷互利合作提出了一系列政策建议。

　　**关键词：**中国　捷克　战略伙伴关系　政治　经贸投资　人文交流

**Abstract**: In 2012, China and Central and Eastern European countries (CEE countries) launched the "16 + 1 cooperation" framework and the Czech Republic is one of 16 CEE countries. From 2013 to 2014, China's leaders have launched the initiative to build the Silk Road Economic Belt and 21st Century Maritime Silk Road (hereinafter referred to as "BRI") in which 16 CEE countries, including the Czech Republic are included. In November 2015, the Chinese and Czech governments signed a memorandum of understanding on inter-governmental cooperation to jointly promote the construction of "BRI". In March 2016, Chinese President Xi Jinping paid a state visit to the Czech Republic. The two governments signed the Joint Statement on Building Strategic Partnership between the People's Republic of China and the Czech Republic. Thanks to the above-mentioned series of important events, bilateral relations between the two countries have entered a new period of development. This report discusses the current situations and prospects of bilateral relations between China and Czech Republic in politics, economy, trade and people to people exchange. Based on the results of field research and interviews, the authors point out the problems existing in the current bilateral relations and put forward related countermeasures from the perspective of think tanks.

The first part of this book reviews the political relations between China and Czech Republic in recent years, especially in the development and transformation of the Czech policy towards China, and sketches the trajectory of Sino-Czech relations which is "from cold to warm"; it also analyzes different attitudes of different strata and groups in relations with China, including various behaviors of the Czech separatists of Tibet and human rights organizations, the Czech intellectuals; attitudes of the public and the government toward relations with China.

The second part of the book analyzes the overall foreign trade and investment environment in the current time through a large number of statistics in trade and investment; it investigates the attractiveness of the Czech market to Chinese enterprises, the attractive industry field to attract the investment of Chinese enterprises, the current situation and prospect of the investment of Chinese enterprises in the Czech Republic.

The third part focuses on the existing problems in trade and investment between China and the Czech Republic such as the trade deficit between the two countries.

The fourth part made an introduction about the current situation and existing problems in people to people exchange between China and the Czech Republic. The authors believe that the bilateral cultural exchanges between the two are still in its infancy but it has great development potential.

The fifth part of this book analyzes the future development trend of bilateral relations, and puts forward a series of policy recommendations on developing mutually beneficial cooperation from three aspects of politics, economy and trade and people to people exchange.

**Key Words**：China; the Czech Republic; strategic partnership; politics; economy and trade; investment; people to people exchange

# 目　　录

# 导　言

　　捷克共和国是中东欧地区的重要国家，目前是欧盟及北约成员国，国内政治环境稳定，经济上则位列中等发达国家水平。1949 年 10 月 6 日，中国与捷克斯洛伐克建立外交关系，1957 年两国签订了友好条约，中捷两国曾经同属于社会主义阵营。然而，20 世纪 90 年代苏东剧变之后，中国与捷克在内的许多中东欧国家关系进入相对冷淡时期。走上转型道路的捷克，由于社会、历史原因以及自身意识形态的全盘西化，在西藏问题、人权问题上成为批评、指责中国最为严重的欧洲国家之一。2013 年 3 月，捷克首任全民直选总统米洛什·泽曼上任；2014 年 1 月，以社会民主党为首的新政府上台执政。新政府积极发展对华关系，中捷双边高访密集并在 2016 年 3 月建立战略伙伴关系，捷克也因此成为第三个与中国建立战略伙伴关系的中东欧国家。双边政治关系从低迷发展到战略伙伴，这期间中捷关系发生了怎样的转变过程？捷克对华政策又有哪些变化？

　　事实上，中捷政治关系长期低迷的状态并没有严重影响两国经贸关系的发展，到 2012 年捷克就已经是中国在中东欧地区第二大贸易伙伴。随着中捷政治关系的转暖，双边经贸、投资领域又焕发了新的活力。捷克是中东欧地区传统工业强国，制造业发达，旅游资源丰富，一些高科技产品位居世界领先水平。在"一带一路"倡议以及中国—中东欧国家合作框架（简称"16＋1 合作"框架）下，中国政府和企业越来越看重捷克雄厚的制造业基础、素质较高的劳动力、接近欧盟核心市场等优势条件，大力发展对捷克的经贸、投资关系。当前捷克经济发展情况以及投资营商环境如何？中国与捷克经贸、投资关系现状是怎样的？捷克哪些产业部门对中国的企业具有吸引力？中国政府和企业发展与捷克的经贸、投资关系面临哪些问题和挑战？

中捷两国在经历了长期相互"漠视、冷淡"后，造成双方人文交流不足。在当前中捷两国政治、经济关系不断发展的背景下，人文交流的发展无疑会为两国关系实现真正的全面提升产生推动作用。为推动双边的人文交流关系，中捷双方都做了很多工作，当前中捷人文交流的状况如何？又存在哪些问题？

中国社会科学院欧洲研究所以及中国—中东欧国家

智库交流与合作网络（以下简称"16＋1"智库网络）的专家学者们，通过前往捷克实地调研、考察中捷政治、经贸、投资以及人文交流状况，并与捷克智库学者深入探讨交流，吸收捷克学者的研究成果，形成本报告，力图回答和解释好上述提到的问题，为中捷两国关系更好发展建言献策。

本书的第一部分由中国社会科学院欧洲研究所刘作奎研究员和捷克孟德尔大学的学者理查德·图尔查尼（Richard Q. Turcsanyi）共同撰写。第二部分由布拉格经济大学国际关系学系的特蕾莎·卡斯特罗博士（Tereza De Castro）撰写，中国社会科学院欧洲研究所研究人员马骏驰编译。第三、四部分由中国社会科学院欧洲研究所助理研究员鞠维伟和刘作奎撰写。第五部分由刘作奎和鞠维伟整理撰写。全书由鞠维伟统稿，由刘作奎最终编辑审定。

# 一 近年来捷克对华政治关系的
# 演变及对华政策现状分析

1989 年之后，捷克在政治、经济和社会层面全面向西方转轨。受意识形态因素的影响，处于转型中的捷克在对华政策某些方面采取批评立场。人权、西藏、台湾问题是 20 世纪 90 年代以后的二十多年间捷克政府攻击中国政府的主要议题，此外捷克的各界精英、媒体以及部分公众都参与到对中国的批评中来。这种情况直到 2013 年之后才得到部分改变。

## （一）进入转型期后捷克对华政策的总体情况

1989 年，捷克斯洛伐克发生"天鹅绒革命"，在没有发生剧烈社会动荡和暴力冲突的情况下，国家政治体制发生变化。这一年捷克共产党宣布举行多党自由选举，12 月捷克著名的持不同政见者瓦茨拉夫·哈维尔（Václav Havel）被选为该国总统。1993 年捷克和斯洛伐克分裂为两个国家，他继续担任捷克共和国的总统，直到 2003 年。在哈维尔担任捷克总统期间，也是捷克在政治上批评、指责中国最严重的时期，他个人与达赖喇嘛保持了很好的"友谊"，在他任上多次以国家元首的身份接见达赖。哈维尔期满离任后，他的继任者们对华政治关系和态度并没有多大改变，捷克政坛中典型的反华派政治人物是卡雷尔·施瓦岑贝格（Karel Schwarzen-berg）。[①] 他于 2007 年至 2013 年期间担任捷克外交部部长（期间曾同时担任副总理），在对华关系方面多次以保护人权为借口抨击和指责中国政府的西藏政策和人权状况。

2013 年，捷克举行了总统和议会选举，1 月，捷克社会民主党（中左翼）的米洛什·泽曼（Miloš Zeman）在该国历史上的首次总统直选中当选为捷克共和国总统。6 月，捷克政府总理彼得·内恰斯因为腐败和贿赂丑闻而被迫辞职，总统提名的看守政府未通过议会信任投票，之后捷克议会解散重新进行选举。捷克社会民主党、ANO2011 运动党和基督教民主联盟组成的政党联盟赢得大选，社会民主党的博胡斯拉夫·索博特卡（Bohuslav

---

① 施瓦岑贝格是捷克第四大党"传统、责任、繁荣"党（又称为 TOP09）的党首，该党目前在捷克议会中拥有 26 个席位。2013 年 1 月，施瓦岑贝格参加捷克总统竞选，最终败给了米洛什·泽曼。

Sobotka）出任政府总理，同属该党的卢博米尔·扎奥拉莱克（Lubomír Zaorálek）担任外交部部长。在2013年捷克政坛发生以上变化后，捷克对华政策也发生了改变，与中国的外交关系开始得到明显改善。

泽曼出任捷克总统后，积极发展对华关系，多次强调对中国主权的尊重，支持中国在国际社会的合法权益。而索博特卡政府更是表现出较强的合作愿望，高层交往频繁。2014年2月7日，习近平主席在参加索契冬奥会期间会见捷克总统泽曼，彼此表达了加强合作的愿望。2014年10月，捷克总统泽曼访华，双方在金融、航空、机械、环保等领域签署了合作协议。2015年9月，泽曼作为唯一的欧盟国家现任首脑出席中国人民抗日战争暨世界反法西斯战争胜利纪念活动，以实际行动表明对华友好立场。2015年11月中国—中东欧国家领导人苏州峰会期间，李克强总理会见来访的捷克总理索博特卡，双方表示共同维护良好的务实合作势头。2016年3月，中国国家主席习近平访问捷克，两国建立战略伙伴关系，并在多个领域签署了合作协议，两国关系进入了快速发展的轨道。6月，捷克总理索博特卡访问中国，两国政府在金融、航空等领域达成多项务实合作成果。

　　总体来看，苏东剧变之后，捷克进入全面的转型期，同时其外交政策的指导原则发生了转变。由于捷克在社会主义时期其国内建设出现了各种问题，同时受到苏联长期压制，当进入社会转型后，捷克将西方人权理念与本国发展经历相融合，形成了具有强烈西方价值观色彩的外交政策。在转型初期，有的捷克学者认为此时的捷克外交政策缺乏明确的战略定位和发展优先目标。① 但是不久之后，捷克将保护人权的理念以及对外传输从社会主义到资本主义的转型经验融入了本国的外交政策中，在国际关系的舞台上扮演了"价值观卫士"的角色。不过，捷克在外交实践以及其外交总体战略中并没有指出如何去实施这种外交政策，特别是人权外交政策。就其对华政策来说，捷克政府也仅限于会见达赖喇嘛，允许其国内藏独组织、人权组织的存在，以及对台湾加入联合国进行无关痛痒的呼吁。转型后的捷克实际上没有在人权、民主问题上对中国采取重大的干涉行动。其亲"藏独"、亲"台独"以及指责中国政府人权政策的做

---

　　① Vladimír Handl and Otto Pick, Česká zahraniční politika 1993 – 2005: Od "návratu do Evropy" k evropeizaci. Prague, Institute of International Relations, May 2005. http://www.iir.cz/article/ceska-zahranicni-politika – 1993 – 2005.

法，实际上是源于转型后捷克国内政治环境对人权、民主问题的极大关注，并非完全是出于维护国家利益的考虑。

总之，捷克对华政策的部分内容，往往是出于历史经验和自身的价值观因素来加以推进的。目前仍有很多捷克人认为现在的捷克政府是"用经济好处换取人权"，坚持捷克政府应当捍卫人权的观念，公众应重视中国的人权问题，必要时要向中国政府施加压力。

### （二）捷克的"反华时期"：2008—2012 年

步入转型期的捷克，一直对中国政府的人权政策和中国的民主情况颇有指摘，特别是 2008 年之后一段时期内，捷克的"反华情绪"达到了一个新的高潮。

捷克在 2008—2012 年期间对中国抵触情绪和反华政策的形成有着特殊的背景。由于 2008 年北京奥运会的缘故，中国成为当时世界关注的中心。与此同时，中国面临着一些国际社会的指责和批评，比较明显的例子是西方舆论妄自批评中国政府对西藏实行镇压政策并且向非洲达尔富尔冲突方提供武器。此外，一些外国记者报道说中国政府为了保证奥运会的顺利举行剥夺了成千上万人的家庭财产并对这些人的人权造成了严重的侵害。国际舆论出现了"中国威胁论"以及"中国政府压制人权"的大讨论，包括捷克在内的很多国家媒体把各国政要是否出席或抵制北京奥运会与在人权问题上的立场联系起来，本来一场和平、友好的奥运盛会被捷克媒体渲染成充满了政治对立味道的活动。

对捷克领导人来说，是否出席北京奥运会，这是一个让他们感到纠结的问题。一方面，由于捷克对共产主义敌视的态度以及对保护西藏人权的大肆宣扬，使得很多人认为捷克政府领导人会抵制奥运会。另一方面，出于现实利益的考虑，包括美国总统在内的很多西方国家领导人已计划出席北京奥运会，捷克领导人如果不出席的话很可能给人留下"西方国家不团结"的印象；捷克要在2009年上半年担任欧盟轮值主席，在当时中欧关系不断取得进展的背景下，捷克政府如果逆势而为并不符合中欧关系发展的大方向。基于上述背景，捷克政府暂时没有找到好的方法来协调解决如何出席北京奥运会问题。

时任捷克外长施瓦岑贝格主张对中国采取强硬立场，他指责中国利用奥运会来做宣传，以期望世界认同中国的发展道路和发展政策，其目的如同希特勒时期的德国在 1936 年举办奥运会一样。当时捷克外交部还发表过一个宣言，强调捷克政府继续重视人权问题，并且希望中国政府要尊重捷克相关立场。施瓦岑贝格之后还表示："人权是普世价值观，我们不能对此妥协。"① 从这里可以看出捷克表明了立场，即在对华关系上仍然坚持"价值观第一"的原则。

与此同时，捷克其他政要如何看待对华的"价值观外交"呢？这可以从时任捷克总理米罗斯拉夫·托波拉内克（Mirek Topolánek）的一些言论中找到答案。虽然托波拉内克没有像施瓦岑贝格那样批评中国，但是在他的很多演讲中仍然坚持所谓的"价值观外交"。在 2008 年北京奥运会召开期间，他在一次采访中说："根据我们的历史经验，我们不能对一些问题保持沉默，因为我们对这些问题比其他人更加了解，比如人权问题。"② 当时

① http：//zpravy. idnes. cz/zahajeni-oh-v-pekingu-by-se-melo-bojkotovat-vyzval-schwarzenberg-pyj-/zahranicni. aspx？ c = A080409_ 173706_ zahranicni_ jte.

② 捷克媒体对托波拉内克的采访：http：//zpravy. idnes. cz/topolanek-vysponovana-atmosfera-v-cine-je-nezdrava-fxs-/domaci. aspx？ c = A080815_ 142635_ domaci_ ban。

的捷克领导人自诩在社会主义时期就拥有对抗强权政治的经验，并一直努力为促进国内和国际社会的自由和人权状况而斗争，因此，捷克是"人权卫士"。

　　虽然捷克政要们公开批评中国对西藏的政策，但是几个月后捷克将担任欧盟轮值主席，不出席北京奥运会显然不利于中欧关系的发展。为了解决这一问题，捷克总理要求议会举行一次民主投票，来决定捷克领导人是否出席北京奥运会，但是该要求被拒绝了。虽然政府11名部长中有8名表示不希望捷克总理出席北京奥运会，但是托波拉内克仍然决定前往。最终，他没有参加奥运会开幕式而是参加闭幕式，并发表了这样的言论："当一个小国的总理没有出席奥运会开幕式，这表示他在表达一种立场，虽然起不了多大的作用。捷克不是世界上的大国，但是我们要表现出勇气和敢说真话的立场。"① 显然这是托波拉内克使用的一种计策，一方面想要解决不参加北京奥运会导致不利于今后中欧关系发展的问题；另一方面不出席奥运会开幕式也向国内的反华政治势力

---

① 捷克媒体对托波拉内克的采访：http：//zpravy. idnes. cz/topolanek-vysponovana-atmosfera-v-cine-je-nezdrava-fxs-/domaci. aspx？ c ＝ A080815 _ 142635_ domaci_ ban。

做了妥协和交代。

时任捷克总统瓦茨拉夫·克劳斯（Václav Klaus）在对华政策上则相对亲和，甚至后来被捷克方面认为是"坚定的亲华派"。但是，必须客观地说，克劳斯只坚持同中国发展经贸关系，并没有表现出要进一步改善同中国政治关系的愿望。由于要进行手术，克劳斯没有参加北京奥运会，这被捷克媒体广泛地认为是捷克对中国政府的一种抗议行为。无论怎样，克劳斯在担任捷克总统期间并没有在促进中捷关系上采取过实质性的、有力的措施。

2009年扬·菲舍尔（Jan Fisher）接替托波拉内克成为捷克过渡政府总理，这一年5月他在会见时任中国政府总理温家宝时再次提出了一些关于人权的问题，并且强调，他的立场从法律上说也代表了捷克和欧盟的立场（捷克当时正担任欧盟轮值主席）。之后的两年中，对华政策中的人权问题仍然是捷克政坛的重要话题之一。

哈维尔总统结束任期后，捷克"人权卫士"的特色逐渐消退。除了对中国人权问题提出一些口头批评外，捷克对藏独组织的支持仅限于形式上和宣传上的支持。这虽然让捷克在国际上有了"人权卫士"头衔，但实际

上捷克政府对"藏独"没有采取更进一步的支持。在
2008年之后的三四年里，捷克政府对华态度受"价值观
问题"和西方媒体热炒的"中国威胁论"的影响，没有
出台实质性的发展对华关系的举措，甚至有时候把中国
的经济发展看成是一种威胁而不是机遇。

2012年，捷克对华的负面态度开始转变，主要原因
是中国开始重视并重新发现中东欧地区发展潜力，努力
发展与中东欧国家关系。2012年4月，中国与中东欧16
国领导人总理峰会在波兰华沙举行，中国提出了包括设
立总额为100亿美元专项贷款、将在2015年把中国与中
东欧国家的贸易额提高到1000亿美元等12项务实合作
举措。中国逐渐成为中东欧地区新的有影响力的行为体。
另外，该地区传统的利益攸关方如美国和欧盟，对该地
区的影响力在某种程度上下降了。2009年后美国对中东
欧地区的兴趣开始下降，最明显的例子就是美国政府取
消了在中东欧地区部署导弹防御系统的计划；欧盟也面
临严重的经济危机，市场状况堪忧，对新入盟的国家有
些无暇顾及。捷克等中欧国家发现自身可能开始被美欧
边缘化，危机感增强。为了获得更多的发展机遇，包括
捷克在内的中欧国家开始将以价值观为主导的对外政策

转向以经济利益为主导的外交政策，大力发掘中国市场机遇和欢迎来自中国的投资，给予了中国进入中东欧地区并提升自身影响力的机会。

捷克在这方面的转变首先出现在 2012 年的 9 月，当时的捷克总理彼得·内恰斯发表了一个重要演讲，他说：以价值观为外交准则是一种"虚假、错误的崇拜"。他认为对华贸易出现大量逆差是由于对中国的政策太消极，捷克应该在发展对华关系方面更现实一些，并且独立自主地与中国发展关系。他暗示捷克应该避免在政治上卷入西藏问题，并且把握住由中国带来的经济机遇，以此达到推动捷克经济发展的目标。但是，内恰斯的这一言论受到捷克舆论广泛的批评，这种以经济为主导的对华政策当时并不被舆论所接受。当时的外长施瓦岑贝格就表示，内恰斯的这一观点"可怕、愚蠢"，是受到"中国方面宣传的影响"。① 此外，就在内恰斯发表这一演讲前不久，捷克驻英国伦敦大使公开会见达赖喇嘛，显示了捷克对华外交政策还保持着既有的顽固性。

时任捷克总统克劳斯没有直接对内恰斯总理的言论

---

① http：//zpravy. idnes. cz/top－09－stoji-za-schwarzenbergovou-kritikou-necase-f7w-/domaci. aspx？c＝A120911_ 120033_ domaci_ kop.

发表意见，但是不久之后他参加了中国驻捷克大使馆的庆祝活动，并且公开表示："我们需要重启两国关系发展新时期，并且停止为两国关系发展设置障碍。"① 今天看来，这些话表明了捷克方面对发展与中国关系有了新的思考。

### （三）捷克与中国关系的提升：2013—2015 年

2012 年开始中国在中欧地区进行了密集的活动，中国也开始对捷克施加更加积极的影响。同时，欧洲国家以及捷克国内都产生了改善对华关系的呼声。

捷克政府领导人也认识到自己是欧洲国家中最后一批还对中国抱有某种偏见的国家。放眼捷克以外的欧洲国家，所有的政府正在"向东方前进"。2013 年欧盟和中国签署了 2020 战略合作议程，2015 年中欧建立了全面战略伙伴关系。法国、德国等欧洲大国明显增加了与中国领导人的会晤。中东欧国家之间为了获得中国—中东欧国家领导人峰会的主办权以及中国的投资产生了竞争。这些外部因素刺激着捷克，迫使它在对华政策上更积极

---

① http://zpravy.idnes.cz/vaclav-klaus-c9e-/domaci.aspx? c = A120927_213218_ domaci_ zt.

主动一些。实际上，直接让捷克改变对华外交政策的因素是其国内政治环境的变化。

2013 年，捷克举行了总统选举，来自中左翼阵营的泽曼当选为总统，结束了克劳斯右翼阵营八年在捷的执政。巧合的是，当时的捷克总理内恰斯及其右翼政府因为腐败问题而集体辞职，泽曼又任命了新的政府。新的内阁班子对中国的兴趣明显提升，然而，几个月后又因为没有赢得议会的信任投票宣布解散。随后，捷克提前举行了议会选举，产生了新的、由左翼社会民主党和立场比较模糊的政党 ANO2011 运动党组成的联合政府。经此次政治变动，捷克传统的右翼政党失势，中左翼势力掌权。新的政府和总统表示了同中国加强合作的强烈愿望。

泽曼当选捷克总统后，接受了中国国家主席习近平的邀请，参加了在中国北京举行的庆祝中国人民抗日战争暨世界反法西斯战争胜利 70 周年纪念活动，他是出席这一活动唯一的欧盟成员国现任领导人。这一外交活动不仅让捷克本国公众没有预料到，整个欧洲也没想到。这是一个明显的信号，捷克改善同中国关系的决心超乎外界的预期。

临时政府总理伊日·鲁斯诺克（Jiří Rusnok）开始进行"重启捷克—中国关系"的行动。他参加了2013年布加勒斯特的中国—中东欧国家总理峰会，与中国总理李克强会晤，并且发表了一个令捷克媒体吃惊的演讲。鲁斯诺克形容捷克—中国的关系是基于"深入和长期的友谊"，这一说法此前从来没有用在中国身上，他说道："我认识到我国已经从此前的双边关系中得到了一些教训；双边关系健康稳定的发展是建立在相互尊重和平等对待的基础上的。"① 这一演讲明显是在强调，对于此前采取批评中国的强硬政策，捷克政府已经吸取了教训，也明确指出了捷克此前的外交政策是有些失误的，而捷克总理主动承认错误，表明在中捷两国关系发展中承认自己是较弱的一方。总之，此次关于对华关系的演讲与之前捷克政府领导人的讲话语气大相径庭，捷政府第一次表示愿意成为中国可信赖的伙伴。

此外，捷克也寻求在"16＋1合作"框架下更有利的地位。与2012年对待"16＋1合作"相对消极的态度不同，捷克政府在2013年表现明显积极，宣布有兴趣主

① http：//zpravy. aktualne. cz/domaci/politika/zaoralek-nerezignujeme-naobhajobu-lidskych-prav-v-cine/r ~ c78a82a0cb8e11e3a09e0025900fea04/.

办 2014 年的中国—中东欧国家领导人峰会。这被捷克本国媒体看成捷克要争取中东欧地区领导地位的表现，但是中国方面没有答应捷克的要求，这暗示中捷关系相比于中国同其他中东欧国家的关系还没有达到足够好的程度。但是这并没有让捷克政府失望，而是使其在之后的一年更加积极。

2013 年新当选的捷克总理博胡斯拉夫·索博特卡和外交部部长卢博米尔·扎奥拉莱克明确表示捷克在发展对华关系方面太落后了。捷克国家领导人在对华关系的发言中把"回归常态"一词作为重要的内容。2014 年，捷克外长扎奥拉莱克访问中国并与中国外交部部长王毅会谈，这是时隔 15 年后捷克外交部部长的第一次访华。扎奥拉莱克形容此次访问背后的原因是："试图将与中国的关系发展到与其他欧洲国家一致的水平上；我们试图建立正常的捷中关系。"①

扎奥拉莱克访问中国的时候并没有代表捷克公开提出人权问题，捷克国内反华的保守势力对此意见很大。面对国内反对派和社会舆论指责，索博特卡和扎奥拉莱

---

① http：//www. tyden. cz/rubriky/domaci/politika/zaoralek-ceskonerez-ignovalo-na-obhajobu-lidskych-prav-v-cine_ 305024. html.

克在回应中表示，捷克仍然是价值观的捍卫者，并且在此次访华中得到体现。他们表示在与中国领导人私下会晤的时候，就人权问题进行了积极的探讨。扎奥拉莱克还说："指责我们没有在对华关系上提出人权政策问题，这是不公允的。保护人权仍然是捷克外交政策的基本原则。"① 但是，除此之外，捷克官方的对华关系言论中并没有明显的"价值观立场"，而且捷克媒体认为扎奥拉莱克甚至在私下也没有向中国政府提出有关人权的问题。

捷克总统泽曼为了不让西藏问题成为两国关系发展的绊脚石而制定了这样的战略：将西藏独立这一问题与捍卫人权价值观相分离。他在媒体上多次表示，19世纪的西藏是野蛮的奴隶制社会，并提到中国政府为改善西藏社会经济所做的各种努力。为了表示他反对支持"藏独"的立场，他说道："如果你说这（旧西藏野蛮的惩罚制度）是民主的话，那我要更正你的说法，我认为这是封建、奴隶制的社会。"② 捷克政府努力将本国社会中对中国西藏政策的批评转变为支持，泽曼的表态有效地

---

① http：//www. denik. cz/ze_ sveta/lubomir-zaoralek-v-cine-zlepsuje-vztahy-mezi-prahou-a-pekingem － 20140428. html.

② http：//www. novinky. cz/domaci/353209 － lepsisoucasny-stav-nez-teokracie-s-vylupovanim-oci-rekl-zeman-o-tibetu. html.

缓解了捷克国内从价值观角度来决定对华关系的强硬态度。虽然批评、指责仍然存在，但是这无疑是捷克国内社会在对华态度上的一种进步。

整个2014年，捷克高层在发展对华关系上采取了新的做法。总理索博特卡表示，捷克将会成为欧洲与中国之间的桥梁。他在2014年中国投资论坛上讲道："我代表捷克政府声明，我们准备为中国银行捷克分支机构的建立和发展提供良好的环境，这样就可使其在捷克发展业务并成为中国同中东欧地区以及整个欧盟的桥梁。"①泽曼总统在2015年宣布布拉格与北京建立直航的时候，也做出了类似的表态。

另外，捷克在阐述发展对华关系的时候并没有过分强调自身的作用，用一个比较合适的词语来说就是"不自私"。捷克领导人从来都是把"16＋1合作"看作是一个非常好的合作平台，并把其作为提升两国关系的重要工具。捷克在阐述捷中关系的时候，总是提出这可以促进中国与整个中东欧地区的合作。在定位上，捷克把自

---

① http：//www. vlada. cz/en/media-centrum/aktualne/czech-prime-minister-and-the-vice-premier-of-china-discuss-the-deepening-of-cooperation-between-the-two-countries－122198/.

己作为次区域合作的积极参与者。正是由于这种表现，中国把一部分对中东欧地区的注意力从波兰转移到了捷克，使得中捷两国关系在 2014 年之后迅速提升。

有欧洲智库学者认为，捷克这种谦虚的态度可能是捷克高层的一种战略，捷克现在的目标是成为中东欧地区的领导力量。而且，中、东欧国家为成为通往欧洲之桥的竞争可能只是一种幻象，因为中国可以在中东欧选择多个而不是一个国家作为通往欧洲之桥。中国向中东欧国家许诺，使相关国家成为地区领导人，这仅仅是个计策，是中国为了激励这些国家与中国采取更积极的合作。[①]

不论这种说法是否正确，捷克对华政策确实在不断改善。2014 年 4 月，捷克外长扎奥拉莱克访华期间提出了捷克现政府要转变亲藏独组织的立场，他表示："捷克共和国非常了解西藏问题的重要性和敏感性，在此重申西藏是中国领土不可分割的一部分，不支持任何形式的西藏独立。"在之后的新闻发布会上，扎奥拉莱克进一步表示："我们的立场很明确，我们也不想在这一问题上给

---

① Richard Q. Turcsanyi, *Is the Czech Republic China's New "Bridge to Europe"*? The Diplomat（online）12. 9. 2015. http：//thediplomat. com/2015/09/is-the-czechrepublic-chinas-new-bridge-to-europe/.

中国制造麻烦。"① 他还表示，捷克如能与中国建立战略伙伴关系，表明捷克对华政策达到了欧洲其他大国的水平。通过捷克外长的表态，可以看出来捷克官方一直是支持"一个中国"的原则，且这份声明中出现了一个明显的进步，即捷克开始谴责对藏独主义的支持，并且此后多次表示了谴责的态度，甚至比一些欧洲国家表达的谴责意思更明确。比如，英国在建立与中国的战略合作伙伴关系的时候，使用"一个中国"原则隐晦地表明不支持西藏独立。法国、德国、波兰与中国建立战略伙伴关系文件中都没有提到对西藏的态度。谴责支持藏独也没有出现在中欧战略议程中，或者中欧全面战略伙伴关系声明中。而以上的文件在关于保护人权的内容上，表述语气要比捷克外长的表述强硬得多。捷克外长还认为，捷克的这种表述应该成为每个有兴趣发展与中国伙伴关系的国家应该共同遵守的义务。

可以看出，这一时期捷克对华立场和态度发生了明显转变，甚至要比其他一些国家都要积极。泽曼总统在2015年访华期间支持深化与中国的关系。在演讲中，他

---

① http：//www.vlada.cz/cz/media-centrum/aktualne/vlada-meni-vztahy-s-cinou－117922/.

用了一种不常用的表达方式：不仅是他自己，整个捷克政府已经明确表态要尊重中国领土的完整。① 泽曼在其他演讲中还表示了一种更加谦虚、诚恳的态度："我们不是来教给你们什么是市场经济或者人权的，我们来是为了向你们学习。我来到中国是为了学习如何加速经济增长并使社会保持稳定。"② 泽曼的话在捷克政治阶层和公众中引起了一些负面反响，因为很多捷克人认为中国维持社会稳定的方法不符合捷克的宪法和民主精神。此外，由于当时中国香港出现了所谓的"民权运动"，捷克媒体再次聚焦中国，认为中国政府限制香港人的人权。很多捷克媒体以此来反驳泽曼的演讲。总之，泽曼在他的演讲中表明了要使捷克成为中国的可信赖的盟友，这种表述在当时其他欧洲国家中并不多见。

## （四）捷克内部对发展对华关系的不同态度

虽然自泽曼总统上台后，中捷政治关系不断提升，但是目前捷克国内对其政府发展对华友好政治关系仍持

---

① http：//zpravy. idnes. cz/cesko-uznava-celistvost-ciny-tibet-zeman-f1 k-/zahranicni. aspx？c = A141027_ 120243_ zahranicni_ bse.

② http：//zpravy. idnes. cz/zeman-rozhovor-cinska-televize-d3h- /domaci. aspx？c = A141030_ 180201_ zahranicni_ mlb.

有一些疑虑和异议。这些质疑既来自捷克内部长期存在的人权、藏独组织，也来自捷克社会舆论和媒体，即使在捷克政府内部也有着反对现政府务实的对华政策的声音。

**1. 捷克的人权、藏独组织及其对双边关系的负面影响**

总的来说，捷克在人权和西藏问题上干涉中国内政的主要有以下三种敌对势力：

第一种敌对势力，西藏联谊组织。该组织由捷克绿党建立。捷克绿党是提出中国滥用人权和西藏问题的主要党派。目前，绿党虽沦为反对派，但其影响仍不容低估，对中国西藏和人权问题的鼓噪仍可能干扰中捷关系。

第二种敌对势力，2000 年论坛。"2000 年论坛"是一家基金会，并且每年以"2000 年论坛"为名称举行一次国际会议。它是由捷克前总统哈维尔，日本慈善家笹川阳平，诺贝尔和平奖获得者、罗马尼亚犹太裔作家、纳粹大屠杀幸存者、政治激进派分子埃利·维瑟尔（Elie Wiesel）联合倡议并于 1996 年成立。达赖是该论坛的常客并且被聘请为该基金会的国际顾问委员会委员。

第三种敌对势力，"西藏旗帜"运动。"西藏旗帜"（The Flag for Tibet）运动由多个捷克人权团体发起，自

1996年开始活动，每年举行一次，主要是在市政部门悬挂西藏国旗，举行游行示威和护旗活动等。目前，支持"西藏旗帜"运动的人数并不少，在捷克有超过400多座城市的市政委员会参与这项活动，还有多所大学、高中、文化中心、展览馆、博物馆和咖啡馆等也积极跟进。

在民间层面，目前在捷克支持"藏独"的主要组织（除上述提到的）有：风马旗组织（Lungta）、小公民协会［Malé Občanské Sdružení（MOST）］、奥林匹克观察（Olympic Watch）、布达拉组织（Potala）以及捷克西藏组织（Tibet česky）。

捷克国内的"藏独"、人权组织数量不在少数，历史背景比较复杂，且与捷克的政界关系盘根错节。这些组织具有很强的活动能力，并向捷克媒体和民众发布很多针对中国政府的宣传，对中捷关系的发展十分不利。这些捷克社会及政府中的人权组织、反华势力，总是在不遗余力地"展现自己"。例如2016年8月初，约有60名中国基督教徒在捷克申请"政治避难"，理由是他们在国内因为基督教宗教信仰问题被中国政府迫害。但实际上，这些人是2016年上半年集中来到捷克，其目的是以"政治避难"为借口，获得捷克的难民庇护进而取得在欧盟的永久居留权。该事件发生后，捷克反对党借机指责政府和总统的中国政策。其中以"西藏代理律师"自居的 Top09 党最为积极，该党在众议院的代表弗朗齐歇克·劳达特宣称："将在议会发问，捷克政府和总统会不会出于发展对华关系的需要，去驱逐那些庇护申请者，而不顾他们的生命、自由和安全可能陷入危险?"捷克政府内部也有部分势力支持人权组织的声明，有捷克学者表示捷克政府中的某些反华人员可能会利用这一事向媒体释放不利于中国政府的信息。

当然，捷克政府、政党对这些反华组织的态度并不是一味支持的。就捷克现政府来说，主要部门的领导依然支持对华务实友好的政策。比如在捷克议会里参议院内部对西藏问题态度不一，尽管一些议员鼓噪西藏问题，但参议院议长米兰·斯泰克（Milan Stech）在 2012 年公开拒绝会见西藏流亡政府"总理"洛桑森格。在地方层面，2016 年 2 月，捷克城市卡罗维·瓦利（Karlovy Vary）也公开拒绝在市政厅悬挂"西藏国旗"。

### 2. 捷克社会舆论对华的负面态度

出于历史原因，在捷克媒体及社会舆论中也一直存在着负面的对华态度。捷克艺术家组织曾把总统府悬挂的总统旗帜进行恶搞，换成了红裤衩，讽刺泽曼和中国、俄罗斯交往甚密。捷克外长 2014 年 4 月首访中国时，部分捷媒体指责其出卖人权换取经济利益。在习近平主席访问捷克期间也发生了中国国旗被泼墨事件，一些不明真相的捷克民众也参与到人权、藏独组织的示威抗议活动中来。这些媒体一直批评现政府为获取利益而背叛了捷克的民主价值观，指责捷克向中国俯首是国家的耻辱。他们还一直怀疑中国华信近年来在捷克的大规模投资和并购合作细节不透明，可能会危及捷克国家安全。

　　负面的舆论导向甚至影响到捷克学术界和知识精英阶层，体现在部分学者的研究成果具有很强的意识形态导向。比如，2016 年 2 月 9 日，在维谢格拉德基金官方网站上刊载了捷克查理大学教授、中国事务专家罗然（Olga Lomová）撰写的文章《中国和捷克的蜜月关系》。① 文章强调，2014 年 10 月泽曼访问中国时带上了诸多商人包括与哈维尔关系密切的捷克 PPF 集团（前身为捷克第一私有化基金）代表彼得·凯尔纳（Petr Kellner）。PPF 集团借助这次访问获得了不少好处，已获得中国地方政

---

① 该文章的全文参见 https：//visegradrevue.eu/author/olga-lomova/。

府许可，可以在中国开展个人消费信贷、人寿保险和小型融资等服务项目。作者批判其为了利益而出卖了信仰。该作者还充分挖掘各方"证据"，臆测现任政府总理顾问雅罗斯拉夫·德沃吉克（Jaroslav Tvrdík）和总统中国事务顾问弗拉蒂斯拉夫·迈纳尔（Vratislav Mynář）被中国政府收买，在中国政府控制的基金会任职并受中方情报部门控制。对于中国华信收购捷克媒体，她也表示出极大的质疑，认为这将使中国可以很容易利用捷克媒体影响公众舆论。罗然还查找了"大量"证据来考察中国对捷克投资的公司——中国华信董事局主席叶简明的身份，质疑其来捷克投资的目的是通过在捷克建立非政府组织、基金会等方式来施加影响力，传播中国价值观。对于中国华信公司收购捷克传媒公司、电视台以及报纸杂志的行为，捷克很多媒体认为，中国公司的这些并购让中国政府有更便捷的渠道对捷克公众舆论施加影响，极有可能是中国政治战的工具。

捷克民众以及媒体对腐败问题相当敏感，上一届政府就是因为涉嫌腐败而被迫辞职，公民民主党不仅失去执政地位而且一蹶不振，议会中的席位和民众支持率一落千丈。2016 年 7 月，捷克检察机关正式向捷克前总理内恰斯及其妻子提起诉讼，指控他在上一届政府期间的贪腐行为。捷克在野党也利用舆论对于执政党可能存在腐败行为的敏感性、警惕性，指责执政党通过推动对华关系换取各种利益。例如，2016 年 6 月，捷克总理访华后签署一系列的经贸、投资合作协议，捷克媒体怀疑本届政府成员，特别是处于领导地位的社会民主党从中获取了好处。

上述部分捷克媒体、舆论以及学者对华态度，一方面是源于自身的社会历史发展进程，特别是捷克民众在转型后对社会主义怀有反感情绪，这种情绪在西方价值观的主导下在对华态度上会产生很大的负面作用。捷克民众在西方舆论主导的环境中很容易产生一种"自身代入"的想象，即认为中国当前的社会主义制度与捷克当年的一样，中国人民生活在"水深火热之中"。另一方面，捷克的大学、智库机构多年来与台湾地区保持了密切的关系。在捷克历史最为悠久、知名度最高的查理大学设立有台湾方面资助的"蒋经国国际汉学研究中心"，前文提到的罗然教授就在该中心任教和活动。

### 3. 捷克政府内部的矛盾及对华关系影响

捷克目前是三党联合政府执政，政府内部在外交政策以及对华关系上面也出现了不同的声音，虽然捷克最高层领导人（总理、总统）以及负责外交事务的领导人对华态度较为积极，但是捷克政府内部的矛盾也应该值得我们关注。

首先，捷克总统和总理之间就存在较多的分歧。2012 年，捷克通过了宪法修正案和新的总统选举法，由年满 18 岁的选民直接投票选举总统。2013 年，泽曼当选捷克首位直选总统。总统作为国家元首，多是负责签署法案、会见外国政要，对外交政策的影响力有限，而泽曼上台后，他不断表现出增加总统权力的意愿。泽曼和索博特卡在外交政策上意见分歧较多，尤其在人权问题上，泽曼比较务实而索博特卡更关注于意识形态在外交领域的重要性。索博特卡曾表示自己在与中国领导人会面的时候会私下或者半公开地讨论人权问题。索博特卡在 2016 年 3 月与习近平主席会晤时说，欧盟与中国的人权对话极其重要。他特别向习主席强调，尊重和保护人权以及基本自由，是任何社会和谐发展的必要条件。

其次，泽曼和索博特卡对俄罗斯和美国的态度也不尽相同。2015 年，泽曼坚持前往莫斯科参加卫国战争胜利 70 周年庆祝活动，并坚持在国际贸易和打击国际恐怖主义上与俄罗斯保持战略伙伴关系。索博特卡的观点则相对中立，既支持欧盟对俄的制裁措施，又不希望伤及捷克的经济。2015 年，美国驻捷克大使夏皮洛批评泽曼参加俄罗斯举行的"二战"纪念活动，泽曼表示不允许任何国家大使干涉其出访计划，显示其并不完全亲美的外交主张。而来自 ANO2011 运动党的国防部部长马丁·斯特罗普尼茨基（Martin Stropnicky）力主捷克与美国保持密切合作关系。对于泽曼出席俄罗斯举行的"二战"纪念活动，他表示泽曼做出了"非常不幸"的抉择。

此外，捷克政府部长之中也有人在对华政策问题上与泽曼态度不同。2016 年 5 月，泽曼表示支持中国获得完全市场经济地位，但捷克政府工业和贸易部部长扬·姆拉代克（Jan Mladek）认为一旦承认中国市场经济地位，将会给捷克一些产业部门造成冲击，捷克应跟随欧盟的相关态度。捷克文化部部长丹尼尔·赫尔曼（Daniel Herman，来自基督教民主联盟）在 2016 年习主席访问捷克期间，在互联网社交媒体上表示，他作为文化部部长对加强两国文化交流这个议题毫不知情。他还曾在 2016 年 3 月 10 日议会会议上提议为"1959 年西藏反抗中共起义中的遇难者默哀一分钟"，这导致中国人对他非常不满。赫尔曼还说，捷克不应因为经济利益而廉价出卖自己的人权价值观。

从上述情况看，捷克执政联盟内部对重要外交事务上的观点存在不少差异，这种差异已经体现在了发展对华关系的政策和态度上，而且已经有政府阁员在对华关系上"唱反调"。因此，中国同捷克政府发展关系时应做好区分，因人而异，积极引导。

### 4. 推动捷中合作的重要组织和个人

当然，捷克国内推动捷中关系的力量也是存在的，也有很多亲华的组织和个人。2014 年捷克社会党上台执政，发展对华关系的愿望提升，捷克某些重要组织和个人发挥了重要作用，他们不但向重要决策人物建言献策，推动捷克决策层"向东看"，而且身体力行地推动着中捷经贸、人文交流与合作。

捷克发挥重要作用的组织主要是捷中友好合作协会、捷克中国合作商会、布拉格新丝绸之路研究会等。

捷中友好合作协会的现任主席是雅罗斯拉夫·德沃吉克（Jaroslav Tvrdk）。从会名上不难看出，该协会同 1958 年中国设立的中捷友好协会工作目标类似，主要是"推动两国人民间的相互了解和中捷的多领域合作"。中捷友好协会是中国对外友好协会下属的一个分会。捷中友好合作协会与中捷友好协会一直保持着交往。还有另一个在名称和性质上与上述两个协会很相似的协会，叫作捷中人民友好协会，捷克人卡雷尔·佩克是创立人和主席，米洛斯拉夫·兰斯多尔夫（Miroslav Ransdorf）是副主席，在北京和捷克均设有办公室。还有推动中捷关系发展的一个重要非政府组织是捷中合作商会（Mixed Czech-Chinese Chamber of Mutual Cooperation），该商会的主席同样也是德沃吉克。

近两年来在推动中捷关系，特别是人文交流方面特别活跃的一个机构是 2015 年成立的布拉格新丝绸之路研究会。该研究会由捷克前副总理兼外长扬·科胡特（Jan Kohout）创建，多名捷克前政要都成为该研究会的理事，其中包括捷克前总理彼得·内恰斯。该研究会是一家独立的、非营利性智库，以在捷克和欧洲其他国家宣传新丝路理念为主要目标，并由此推动有价值的观念、思想和政策以及重要工程的出台，积极推动亚欧国家之间的经济互惠合作。科胡特拥有一个年轻的团队，除了捷克人外，还有几个是捷克的中国二代移民，这个组织的功能性很强，工作效率很高，为总统和政府拿出了一系列工作方案和具体策略建议，为捷克和中国关系的快速推进奠定了对策性基础。

以上组织的主要负责人或创建者，也是捷克国内推动中捷关系向前发展的重要人物，其中扬·科胡特、雅罗斯拉夫·德沃吉克以及弗拉蒂斯拉夫·迈纳尔（Vratislav Mynář）三人的作用不可忽视。

德沃吉克是捷克现政府总理顾问、前国防部部长，他是社会民主党的一个重要人物，2001—2003 年曾任国防部部长，后被任命为捷克航空董事会主席，后来又被安排负责社会民主党 2016 年选举的竞选活动。2007 年他离开政坛并从此以商业顾问的身份开展活动。在此期间他发展了与中国的关系，积极参与捷中友好合作协会友协的活动，并成为该协会的主席。目前他还担任捷中合作商会联合委员会主席，并且自 2014 年开始成为总理索博特卡中国事务"名誉"顾问。德沃吉克曾是看守内阁总理鲁斯诺克的中国问题顾问。他在鲁斯诺克卸任后，依然任博胡斯拉夫·索博特卡的中国问题顾问。总理办公室则将德沃吉克的工作描述为非官方的、不由政府支付薪金的职位。中国政府不仅很尊重德沃吉克作为捷克总理顾问的身份，而且还将他视作捷克政府在各类有关双边利益的正式洽谈中的代表人物。

扬·科胡特于 2008 年 1 月担任捷克外交部副部长，2009 年 5 月 8 日被任命为副总理兼外交部部长。2011 年第二次被任命为外交部部长，从 2014 年起成为捷克总统顾问。科胡特曾表示，习近平主席访问捷克期间中捷两国达成一些合作意向，是由其领导的新丝绸之路研究会向捷克政府建议的。在科胡特的领导下，新丝路研究会与中国多家政府科研机构展开了合作与交流。2016 年 9 月，科胡特访问中国社会科学院欧洲研究所并与该所签订了合作意向备忘录，他表示，新丝绸之路研究会未来将在学术、科研等人文领域进一步扩大国际合作，愿与中国社会科学院欧洲研究所及中国—中东欧国家智库交流与合作网络共同服务于"一带一路"倡议与"16 + 1合作"，为中国与中东欧国家间的务实合作创造有利条件。

弗拉蒂斯拉夫·迈纳尔现担任捷克总统办公室主任，因为其公职身份则在公众中要低调得多，但在中捷关系发展的重要事件中，都离不开他的身影。他积极为总统出谋划策，成为泽曼的重要幕僚之一。

需要注意的是，以上的捷克非政府组织及推动中捷关系人物具有一些特点。比如德沃吉克和科胡特，他们曾经是政坛要人，担任中捷合作机构重要人物，实际影响力并不如想象的那么大。但借助中捷关系发展的良好势头，积极发挥桥梁作用，推动中捷之间达成务实成果来彰显个人作用。科胡特曾向作者表示，正是受到"一带一路"倡议的启发，他才要建立新丝路研究会的，现在每年许多中国地方政府、部门和机构都邀请他来华，对他的重视程度很高。在西方社会，如果从政坛上退出来，就意味着影响力大大下降，在政治上和决策上很难再发挥大的影响力。然而，德沃吉克和科胡特等人在中捷合作中找到了他们的价值。因此，应在西方政府中多培养和挖掘类似的人物，一旦他们从任上退下来，仍可借用其丰富的资源发挥作用。

此外，捷克有影响力的企业家对中捷关系的作用也是很大的。前文曾提到过的捷克第一私有化基金（PPF）的创建者彼得·凯尔纳（Petr Kellner），他长期以来与捷克高层保持了密切的关系，他所创建的 PPF 集团是捷克最大的信贷金融集团。早在 2004 年，他就跟随当时的捷克总统克劳斯访问中国，并开始考察中国市场。后来，PPF 旗下的消费金融提供商、全资子公司捷信公司获得成立，并于 2010 年年底开始在中国开展业务，成为中国首家外资消费金融公司。2014 年 10 月泽曼访华期间，带了众多商界人士，其中就有彼得·凯尔纳，访问结束后，凯尔纳邀请泽曼总统搭乘他的私人飞机返回布拉格，可见凯尔纳与捷克高层关系不一般。鉴于这种关系，又因为他的企业在中国有业务，而且他也十分看重中国金融市场的巨大潜力，所以这位企业家在推动中捷关系方面起到的作用不容忽视，尤其是在推动双边金融合作方面。

## 二　捷克经贸投资环境概况及
## 中捷经贸投资关系的前景

自中东欧转型以来，捷克便开始充分发挥自身的优势，即地理位置、欧盟成员国身份、相对较好的基础设施、较完善的教育系统、较廉价的劳动力以及较好的工业基础，吸引了最多的外来直接投资。捷克目前还不是欧元区国家，但由于与欧元区国家，特别是德国，有着密切的经济联系，所以金融危机和欧债危机也对捷克经济产生了很大的影响。同时，作为出口导向经济体的捷克也因为全球需求的下降而承受了经济下行的压力。不过由于捷克有着自己的转型经验，拥有较健康和强力的银行部门，所以在一定程度上还是相对妥善地应对了危机。捷克目前是欧盟内部经济增长最快、失业率最低、政府比较稳定的国家之一。这其中很重要的原因是发现了新兴市场国家的重要性，例如"金砖四国"。这些国家被纳入了捷克2012—2020年出口战略的12大优先对象国之中，其中也包括中国。中捷两国近几年的高层互访不断、经贸往来也逐渐增强。中国逐渐成为捷克重要的经贸伙伴。

### （一）捷克在欧盟市场中的地位以及对外贸易状况

捷克是中东欧的一个小国，有着 1000 多万的人口，劳动力就有 500 多万。虽然国小，不过由于其优越的地理位置、深厚的工业基础以及近 20 年来庞大的外来直接投资，经济发展保持了不错的情况。捷克是一个出口导向型的国家，其出口占国内生产总值（GDP）的比例在 2014 年上升至 83.8%。[①] 这一数字意味着捷克已经深刻地融入了全球产业链之中。捷克对全球产业链的参与度达到了 60%，这意味着 60% 的捷克出口中含有国外附加值，即出口到第三国继续加工的产品。

#### 1. 捷克经济前景和外来直接投资情况

20 世纪 90 年代进入转型期至全球性金融危机爆发前，捷克经济维持着平均 4.3% 的增长速度，但经济危机导致捷克经济在近几年止步不前，直到 2014 年，捷克经济才开始恢复增长。[②] 经济合作与发展组织（OCED）

---

① http：//data. worldbank. org/indicator/NE. EXP. GNFS. ZS, last accessed 1 August 2015.

② https：//www. czso. cz/csu/czso/hmu _ cr, last accessed 14 August 2015.

在 2015 年发布报告称，捷克的经济增长已经开始从内需获得动力，主要贸易伙伴的经济复苏也会带动捷克出口。同时，全球大宗商品价格的下跌会带动捷克国内消费。当时预计捷克经济在 2016 年将继续保持增长。除了上述因素外，捷克经济的复苏也得益于适度的财政刺激政策、较好的市场前景等。此外，公共投资也随着欧盟基金使用力度的加大而得到提升。但捷克基础设施水平相对西欧国家来说仍有差距。

表 2 - 1　　　　　　　　　　捷克经济前景

| | 2011 年 | | 2012 年 | 2013 年 | 2014 年 | 2015 年 | 2016 年 |
|---|---|---|---|---|---|---|---|
| | GDP（10 亿克朗） | 美元 GDP（10 亿美元） | 百分比变化（%） | | | | |
| 以市场价格计算的 GDP① | 4019.7 | 164.7 | -0.7 | -0.7 | 2.0 | 3.1 | 2.5 |
| 私人消费 | 1982.8 | 81.3 | -1.7 | 0.4 | 1.7 | 2.7 | 2.4 |
| 固定资本总额 | 1067.4 | 437 | -2.8 | -4.4 | 4.5 | 4.4 | 3.7 |
| 国内总需求 | 3861.8 | 158.3 | -2.1 | -0.8 | 2.2 | 3.2 | 2.1 |
| 商品和服务出口 | 2875.3 | 117.8 | 4.3 | 0.3 | 8.8 | 8.0 | 6.2 |
| 商品和服务进口 | 2 717.4 | 111.4 | 2.6 | 0.3 | 9.6 | 8.5 | 6.0 |
| 消费者价格指数 | | | 3.3 | 1.4 | 0.4 | 0.2 | 1.6 |
| 失业率 | | | 7.0 | 6.9 | 6.1 | 5.7 | 5.5 |
| 一般政府财政平衡 | | | -3.9 | -1.2 | -2.0 | -1.9 | -1.3 |

① 根据《经济学人》报告，在 2010 年，捷克绝对 GDP 大约相当于中国内蒙古自治区 GDP 的规模。

续表

| | 2011 年 | | 2012 年 | 2013 年 | 2014 年 | 2015 年 | 2016 年 |
|---|---|---|---|---|---|---|---|
| | GDP（10 亿克朗） | 美元 GDP（10 亿美元） | 百分比变化（%） | | | | |
| 一般政府总债务 | | | 58.2 | 57.9 | 57.1 | 55.1 | 55.0 |
| 当前账户盈余 | | | -1.6 | -0.5 | 0.6 | 0.8 | 0.8 |

资料来源：OECD。

捷克还未加入欧元区，所以捷克具有货币政策自主权。由于捷克国家银行自 2013 年的持续干预，捷克本币克朗的表现并不强劲，汇率较不稳定。货币政策也一直采取扩张的态势以保证通胀率能够达 2%。2016 年捷克积极实行财政紧缩政策，并进行结构性改革以提高收入，带动增长。改革的目标是提高经济竞争力和降低劳动力市场的僵化。由表 2－1 可知，近几年捷克失业率一直在6% 和 7% 之间徘徊，但事实上捷克每小时的劳动力成本较低，2015 年为 9 欧元，而欧盟 28 国的平均水平为 25欧元。[1]　正是因此，捷克成功吸引了大量的外来直接投资（FDI）。FDI 在捷克转型中扮演了重要的融资角色，同时也促进了所有制改造和资本结构的改造。相对于其他融

---

[1] http：//ec. europa. eu/eurostat/statistics-explained/index. php/Wages_and_ labour_ costs，last accessed 18 July 2015.

资手段，FDI 也能够带来技术转移、专业知识以及劳动技能，还能够帮助本土企业向外国市场扩张。在转型国家中，捷克吸引外国投资的优势十分明显，具备很多优势因素，例如国内潜在的出口市场规模、劳动力素质较高、转型较为成功、政局较为稳定等。①

表 2-2　　　　捷克的 FDI 来源国的投资占比（2000—2012 年）　　（单位:%）

| 国家 \ 年份 | 2000 | 2004 | 2007 | 2012 |
|---|---|---|---|---|
| 比利时 | 1.1 | … | 2.6 | 7.7 |
| 法国 | 4.7 | … | 0.5 | 3.7 |
| 德国 | 26.5 | 15.2 | 11.5 | 15.5 |
| 英国 | 3.2 | 0.4 | … | 1.9 |
| 荷兰 | 20.8 | 40.2 | 21.2 | 43.1 |
| 奥地利 | 14.8 | 8.8 | 10.5 | 13.0 |
| 瑞典 | 3.0 | … | 3.3 | 1.0 |
| 瑞士 | 4.6 | 3.7 | 9.3 | 3.2 |
| 加拿大 | 3.1 | … | 0.2 | … |
| 美国 | 6.1 | 10.2 | 4.0 | 5.0 |
| 日本 | 0.9 | 0.8 | 3.9 | … |
| 其他 | 8.6 | 28.3 | 35.4 | 5.7 |
| 总额 | 97.4 | 107.6 | 102.4 | 99.8 |

资料来源：捷克国家银行，http://www.cnb.cz/en/statistics/bop_ stat/bop_ publications/pzi_ books/index. html。

_____

① Vlčková Jana：Participation of the V4 countries in the Global Value Chains. Conference proceedings：*How to benefit from Global Value Chains：Implications for the V4 countries*, 2015.

　　目前捷克转型进程已经结束，最大的投资机遇和私有化项目也已经结束。政府将重心放在了传统工业领域如何吸引绿地投资方面。2000 年后，捷克获得外来投资的水平又得到了一次质的飞跃，欧盟成员国占捷克总外来投资的比例日渐增高（见表 2－2）。事实上，捷克在欧盟第二次扩大后仍旧是 FDI 青睐的对象国，而且其吸引力要大于其他三个维谢格拉德国家（即斯洛伐克、波兰、匈牙利）。此外，随着 FDI 投资类型的项目逐渐成熟，相对来讲，股权类投资的重要性在减少，再投资已经取代了股权投资成为了 FDI 最主要的组成部分。2012 年，欧盟国家一直都是捷克国内最主要的投资者。除了欧盟国家外，FDI 从欧盟外其他区域流入的数额是不稳定的，无法得到精确统计。

表 2－3　　　　2000—2012 年捷克不同行业所吸收的 FDI 占比　　　（单位:%）

| 行业＼年份 | 2000 | 2004 | 2007 | 2012 |
|---|---|---|---|---|
| 非制造业 | | | | |
| 农业和林业 | 0.3 | 2.1 | 0.1 | 0.4 |
| 采矿和采石 | 2.6 | 3.3 | … | 1.8 |
| 电力、燃气和水资源供给 | 7.0 | 7.3 | … | -0.8 |
| 建筑业 | 3.4 | 0.3 | 0.5 | 1.5 |

续表

| 年份＼行业 | 2000 | 2004 | 2007 | 2012 |
|---|---|---|---|---|
| 非制造业 | | | | |
| 贸易、旅馆和餐馆 | 18.7 | 18.7 | 19.1 | 24.7 |
| 交通和通信 | 8.7 | 6.8 | 11.6 | 27.2 |
| 金融中介 | 31.8 | 19.3 | 35.1 | 39.8 |
| 房地产和商业活动 | 25.5 | 41.5 | 42.5 | 4.8 |
| 教育 | 0.0 | 0.0 | 0.0 | 0.0 |
| 卫生和社会工作 | 0.6 | 0.0 | 0.1 | 0.5 |
| 其他社会和个人服务 | 1.4 | … | 3.6 | 0.3 |
| 总计 | 100 | 99.3 | 112.6 | 100.2 |
| 制造业 | | | | |
| 食品和烟草 | 8.6 | 0.8 | 9.0 | 10.7 |
| 纺织品、服装 | 3.3 | … | 3.0 | 2.2 |
| 木材、纸张和出版 | 2.5 | 27.4 | 0.8 | 0.7 |
| 成品油和化学品 | 14.5 | 26.3 | 10.2 | 16.7 |
| 非金属制品 | 5.6 | 0.1 | 13.7 | 0.0 |
| 基本金属及金属制品 | 12.2 | 49.9 | 20.7 | 9.5 |
| 机械装备 | 51.3 | -3.8 | 40.6 | 42.9 |
| 回收行业及其他制造 | 1.9 | 0.4 | 2.0 | 17.3 |
| 总计 | 99.9 | 101.1 | 100 | 100 |

资料来源：捷克国家银行，http：//www. cnb. cz/en/statistics/bop_ stat/bop_ publica-tions/pzi_ books/index. html。

从表 2-3 可以看出，2012 年流入捷克的外国直接投资首先是进入了各类服务行业，比例约为70%，同时金融服务业占有最大的比例，占所有非制造业投资总额的

40%左右；其次是物流和通信行业以及旅游业；第三是制造业，吸引了大约 1/3 的 FDI。不过，与其他中欧国家相似，制造业在捷克扮演了重要的角色（占 GDP 的25%，使用了捷克总劳动力的 35%[①]）。在捷克制造业上，2012 年机械装备行业获得了最大的投资，其次回收行业及其他制造以及化工、食品和烟草等行业。在 2013年，制造业却几乎没有获得新的投资，同时从事各类制造业的外国企业在回收投资。

### 2. 从贸易产品附加值的情况看捷克对外和对华贸易[②]

各国的对外贸易情况，可以通过外贸进出口总额的统计显示出来，此外对于外贸产品附加值的统计则更能体现出经济全球化背景下的各国外贸情况。在经济全球化背景下，传统的贸易进出口数据并不能反映商品在全球产业链中生产、流动和销售的情况，只能重复计算各

---

① http：//data. worldbank. org/indicator/NV. IND. MANF. ZS，last ac-cessed 10 August 2015.

② 附加值（Value Added）是附加价值的简称，是在产品的原有价值的基础上，通过生产过程中的有效劳动新创造的价值，即附加在产品原有价值上的新价值。——译者注。https：//www. wto. org/english/res_ e/statis _ e/miwi _ e/background _ paper _ e. htm；http：//www. federalreserve. gov/econresdata/notes/ifdp-notes/2013/trade-in-value-added－20131203. html.

国在同一产品上的附加值。对产品附加值的统计可以反映出产品在产业链的每一环节中所产生的附加值,应用于进出口产品的数据统计中则可以排除中间环节的产品价值,体现各个国家在产业链中的地位以及该国产品在对外贸易中实际增加的价值。下文将通过对传统贸易数据和外贸产品附加值的相关统计数据的整理和比较,对捷克对外贸易总体情况以及中捷贸易关系进行论述。

表 2-4　　　　　　　　捷克总出口和出口产品附加值的情况

| 对外贸易总出口 | | | | | | 出口产品附加值 | | | | | |
|---|---|---|---|---|---|---|---|---|---|---|---|
| 1995 | | | 2011 | | | 1995 | | | 2011 | | |
| 国家 | 出口额(百万美元) | 占比(%) | 国家 | 出口额(百万美元) | 占比(%) | 国家 | 出口额(百万美元) | 占比(%) | 国家 | 出口额(百万美元) | 占比(%) |
| 德国 | 9678 | 35.0 | 德国 | 43029 | 28.0 | 德国 | 5889 | 31.0 | 德国 | 17901 | 21.4 |
| 斯洛伐克 | 2366 | 8.6 | 波兰 | 9133 | 5.9 | 俄罗斯 | 1140 | 6 | 法国 | 4889 | 5.8 |
| 俄罗斯 | 1748 | 6.4 | 英国 | 8812 | 5.7 | 斯洛伐克 | 1086 | 5.7 | 美国 | 4859 | 5.8 |
| 奥地利 | 1734 | 6.3 | 法国 | 8764 | 5.7 | 奥地利 | 1011 | 5.3 | 英国 | 4516 | 5.4 |
| 意大利 | 1163 | 4.2 | 斯洛伐克 | 8476 | 5.5 | 美国 | 968 | 5.1 | 意大利 | 4386 | 5.2 |
| … | | | … | | | … | | | … | | |
| 中国 | 92 | 0.3 | 中国 | 3784 | 2.5 | 中国 | 75 | 0.4 | 中国 | 2394 | 2.9 |
| 世界 | 27484 | 100 | 世界 | 153595 | 100 | 世界 | 18901 | 100 | 世界 | 83576 | 100 |

来源：OECD 数据库，https：//stats. oecd. org/index. aspx? queryid = 66237，accessed 18 August 2015。

　　在对外贸易领域，从表 2 - 4 可知，早在 1995 年德国便成为捷克重要的出口市场，占捷克总出口的 35.0%。其他贸易伙伴所占据的份额较小，例如斯洛伐克为 8.6%，俄罗斯为 6.4%。在 2011 年，虽然其份额减少至 28.0%，德国仍是捷克最重要的贸易伙伴。从外贸产品附加值角度来看，1995 年前三位的伙伴与总贸易额情况相近，德国第一，俄罗斯第二，斯洛伐克第三。在 2011 年，产品附加值的统计数据显示，欧盟成员国和美国是捷克绝大部分带有附加值的产品的出口对象国。然而波兰、斯洛伐克等国并没有在这一领域排名靠前。这表明，从捷克出口的带有附加值的产品较少地出口到周边的中欧国家，很可能是因为这些国家在产业链中的位置与捷克相近，并不需要从捷克进口有类似附加值的产品。根据 OECD 的相关分析，一个国家总的贸易数据过分强调了邻国在贸易中的重要性，低估了其他较远的经济体在产业链终端的作用。[①] 这一问题在中捷贸易中得到了体现。捷克对中国出口总额以及出口产品的附加值方面都在上升，而且捷克对华出口产品的附加值所占总

---

　　① http：//www.oecd.org/sti/ind/TIVA%20flyer%20FINAL.pdf, last accessed 6 August 2015.

比还要大于捷克对华出口额所占的总比。这说明中国作为捷克出口伙伴的重要性，在传统贸易总额的数据中被低估，特别是两国间产品附加值贸易额及其重要性被低估。由此可见，事实上中国在捷克外贸中所起到的作用，即更多是带有捷克附加值的产品最终出口目的地之一。从表2-4可以看出，2011年捷克向中国出口的产品附加值，无论是额度还是所占总比，都比1995年有了显著的提高。2011年捷克对华出口产品的附加值是1995年的近32倍，这种趋势明显高于捷克对欧盟国家以及美国的出口。不过那些由捷克出口，继续在中国加工的中间产品也是存在的。在德国掌握的全球产业链中，很多中间产品源自中欧国家，所以应该会有部分在德国加工的捷克中间产品出口到了中国，如果考虑到这一点那么捷克对华出口产品的附加值会更高。

表2-5　　　　　　　捷克总进口和进口产品附加值的情况

| 对外贸易的总进口 | | | | | | 进口产品的附加值 | | | | | |
|---|---|---|---|---|---|---|---|---|---|---|---|
| 1995 | | | 2011 | | | 1995 | | | 2011 | | |
| 国家 | 进口额（百万美元） | 占比（%） | 国家 | 进口额（百万美元） | 占比（%） | 国家 | 进口额（百万美元） | 占比（%） | 国家 | 进口额（百万美元） | 占比（%） |
| 德国 | 6760 | 22.8 | 德国 | 36014 | 24.9 | 德国 | 4590 | 21.7 | 德国 | 15600 | 20.9 |

续表

| 对外贸易的总进口 | | | | | | 进口产品的附加值 | | | | | |
|---|---|---|---|---|---|---|---|---|---|---|---|
| 1995 | | | 2011 | | | 1995 | | | 2011 | | |
| 国家 | 进口额（百万美元） | 占比（%） | 国家 | 进口额（百万美元） | 占比（%） | 国家 | 进口额（百万美元） | 占比（%） | 国家 | 进口额（百万美元） | 占比（%） |
| 斯洛伐克 | 2981 | 10.0 | 中国 | 13493 | 9.3 | 斯洛伐克 | 1373 | 6.5 | 俄罗斯 | 6299 | 8.4 |
| 奥地利 | 1903 | 6.4 | 波兰 | 11858 | 8.2 | 意大利 | 1217 | 5.8 | 中国 | 5104 | 6.8 |
| 俄罗斯 | 1708 | 5.7 | 俄罗斯 | 10267 | 7.1 | 奥地利 | 1165 | 5.5 | 波兰 | 4754 | 6.4 |
| 意大利 | 1584 | 5.3 | 斯洛伐克 | 9069 | 6.3 | 俄罗斯 | 1155 | 5.5 | 意大利 | 3751 | 5.0 |
| … | | | … | | | … | | | … | | |
| 中国 | 344 | 1.2 | 中国 | 13493 | 9.3 | 中国 | 243 | 1.2 | 中国 | 5104 | 6.8 |
| 世界 | 29709 | 100 | 世界 | 144762 | 100 | 世界 | 21126 | 100 | 世界 | 74743 | 100 |

来源：OECD 数据库，https：//stats. oecd. org/index. aspx? queryid = 66237，accessed 18 August 2015。

由表 2 - 5 可知，在 20 世纪 90 年代中期，捷克的外贸进口构成中俄罗斯和欧盟国家占的比例较大。在 2011年，捷克的进口总额中从德国的进口比例达到了 25.0%；从中国的进口比例也急速增长，从 1.2% 增长至 9.3%；自波兰和俄罗斯的进口占比也在增长，而从斯洛伐克进口的占比却在减少。在进口产品的附加值方面也出现了这种情况。自 2005 年起，捷克外贸产品附加值以及对外贸易额的数据统计上就一直处于贸易顺差的地位。而且目前捷克央行采取了鼓励出口的扩张性货币政策，这进一步扩大了进出口之间的差距。但是，捷克同中国的贸易中，贸易总额和产品附加值方面都处于逆差的地位，而且两国贸易产品附加值领域的逆差一直要远远小于贸易总额逆差。这说明当前仅从中捷贸易总额来看待两国之间的贸易逆差问题是不全面的，根据表2-5的统计数据，2011年捷克对华贸易产品的附加值逆差仅有约27亿美元，远低于对华贸易总额的逆差。一般认为，服务业所带来的产品附加值较高，所以有研究认为，来自中国的游客能够带动捷克旅游业，这将是最快改变捷克逆差地位的方法。①

从捷克进出口结构来看，捷克的优势既不在产业链低端，例如采矿、农业等，也不在产业链最高端的、能够产生最大附加值的各类服务业。从对外贸易的角度来看，捷克在汽车、挂车和半挂车等制造业具备优势，而且这些领域的产品有着较高的比较优势。② 有研究报告称，由于在转型前有较好的工业基础，捷克才能够以极

①　http：//www. radio. cz/en/section/business/czech - 2013 - trade-sur-plus-soars-amid-expectations-of-even-stronger-exports，last accessed 17 August 2015.

②　http：//ec. europa. eu/eurostat/statistics-explained/index. php/Manufac-turing_ statistics_ - _ NACE_ Rev. _ 2，last accessed 8 June 2015.

快的速度实现经济上的迅速发展。同时，捷克的劳动力具有较高的职业素质和教育水平，这些因素都促成了捷克在制造业中的比较优势。[①] 根据相关数据显示，2003—2013 年，捷克在机械制造和交通设备的比较优势一直在上升，其中主要包括初级金属加工、汽车零部件、自动化设备以及运输车辆等。[②]

从捷克进出口产品附加值的情况来看，捷克对外出口产品的附加值所占比例在逐渐下降（捷克 1995 年为 69.5%，2011 年为 54.9%，见表 2－6）。这一份额的减小与全球趋势相符，全球各国的国内产品附加值占比从 82.0% 下降到 75.0%。根据 OECD 的报告，自 20 世纪 90 年代全球金融危机以来，全球经济体的互相依赖性更多地直接反映在出口产品的附加值方面，仅仅在 2008—2009 年，危机便严重影响了全球出口产品。[③] 在

---

① https：//www. ecb. europa. eu/pub/pdf/scpwps/ecbwp249. pdf, last accessed 13 April 2015.

② Mutual Relations between the Republic of Korea and V4 Countries in Trade and Investment, Conference Proceedings of International Scientific Conference and Workshop. http：//fmv. euba. sk/files/proceedings_ final. pdf.

③ http：//www. oecd-ilibrary. org/sites/sti_ scoreboard － 2013 － en/07/06/index. html? contentType = &itemId = % 2Fcontent% 2Fchapter% 2Fsti _ scoreboard － 2013 － 65 － en&mimeType = text% 2Fhtml&containerItemId = % 2Fcontent% 2Fserial% 2F20725345&accessItemIds = , last accessed 10 August 2015.

捷克出口的产品中，来自外国的附加值，其占比从1995年的30.0%增长至2011年的45.1%。[①] 在维谢格拉德国家中这一现象比较普遍。[②] 2011年，这些国家出口额的40%是由国外产品的附加值组成。由表2-6可知，这些产品的国外附加值大部分来自经济合作与发展组织成员国（OECD）。其中德国在1995年和2011年分别占6.6%和9.5%，俄罗斯占2.7%和4.2%。而在2000年之后，中国的份额也一直在上升，从0.3% 到3.8%，波兰的份额从1.1%到2.7%，但斯洛伐克的份额却在下降。

表2-6　　　　　　　　　捷克出口产品的附加值来源地

| 1995 | | | 2011 | | |
|---|---|---|---|---|---|
| 国家 | 附加值（百万美元） | 占比（%） | 国家 | 附加值（百万美元） | 占比（%） |
| 德国 | 1823 | 6.6 | 德国 | 14585 | 9.5 |
| 俄罗斯 | 752 | 2.7 | 俄罗斯 | 6397 | 4.2 |
| 斯洛伐克 | 612 | 2.2 | 中国 | 5768 | 3.8 |
| 澳大利亚 | 475 | 1.7 | 波兰 | 4081 | 2.7 |

① https：//stats. oecd. org/index. aspx？ queryid＝66237，last accessed 18 August 2015.

② http：//www. iariw. org/papers/2014/AhmadPaper. pdf，last accessed 6 August 2015.

续表

| 1995 | | | 2011 | | |
| --- | --- | --- | --- | --- | --- |
| 国家 | 附加值<br>（百万美元） | 占比<br>（%） | 国家 | 附加值<br>（百万美元） | 占比<br>（%） |
| 意大利 | 405 | 1.5 | 意大利 | 3065 | 2.0 |
| … | | | … | | |
| 中国 | 95 | 0.3 | 中国 | 5768 | 3.8 |
| 捷克 | 19114 | 69.5 | 捷克 | 84338 | 54.9 |
| 世界 | 27485 | 100 | 世界 | 153596 | 100 |

来源：OECD 数据库，https：//stats.oecd.org/index.aspx? queryid = 66237，accessed 18 August 2015。

### 3. 捷克是中国出口产品附加值的最终和中间目的地之一

根据表 2 - 4、表 2 - 5、表 2 - 6 的内容，通过对捷克进口中国产品的附加值以及捷克出口产品中来自中国的附加值部分进行比较可以发现，在 1995 年，中捷两国贸易中大部分中国产品的附加值直接或间接出口至捷克，捷克是中国产品附加值的最终目的地之一。在 2011 年，情况却完全相反。大部分带有中国附加值的产品在捷克进一步被加工，然后出口到第三国。那么，从中国出口至捷克带有附加值的产品构成是怎样的？

表 2-7　中国出口产品的附加值产品情况（以捷克作为最终目的地）

| 行业 | 1995 年 | | 2011 年 | |
|---|---|---|---|---|
| | 附加值（百万美元） | 占比（%） | 附加值（百万美元） | 占比（%） |
| 总额 | 242.7 | 100 | 5103.9 | 100 |
| 农林牧渔业 | 16.8 | 6.9 | 363.8 | 7.1 |
| 采矿和采石 | 22.1 | 9.1 | 277.8 | 5.4 |
| 制造业 | 70.9 | 29.2 | 2092.0 | 40.9 |
| 电力、燃气及水供应 | 70.9 | 29.2 | 150.9 | 2.9 |
| 建筑业 | 0.4 | 0.1 | 8.5 | 0.2 |
| 各类商业服务业 | 59.5 | 24.5 | 2045.3 | 40.1 |
| 社区、社会及个人服务业 | 2.2 | 0.9 | 165.5 | 3.2 |

来源：OECD 数据库，https：//stats. oecd. org/index. aspx? queryid = 66237，accessed 18 August 2015。

表 2-7 显示出在中捷贸易中，中国工业产品以及它们对出口产品附加值的贡献情况。其中制造业，各类商业服务业和电力、燃气及水供应行业的附加值占比最高，在 1995 年各占了几乎 1/3。根据更加具体的数据表明（表 2-8），到了 2011 年，制造业和各类商业、服务业中，出口到其他国家的来自中国产品的附加值都达到了 40% 左右的占比。电脑、电子及光学器材制造业以及批发和零售贸易、维修业，是中国产品的附加值对于捷克出口方面贡献最大的两个行业。也就是说在这两个行业

里，捷克对外出口的产品中包含了相当一份来自中国的附加值。根据相关数据显示，自20世纪90年代中期以来，捷克对外出口行业中，如批发和零售业、金融服务业、研发领域、服装鞋帽业以及制造业等，来自中国产品的附加值所占比例有了明显的提高。

虽然有研究表明，中国向捷克为最终目的地的、带有附加值的出口产品正在逐渐多样化，不过这主要是由从事加工制造业的外资企业所带动的。这一变化在数据上确实意味着中国成功提高了其对捷克的附加值产品的出口多样性。①

在1995年，中国将捷克作为最终目的地的、带有附加值的产品结构与中捷贸易产品的主要结构相近。在当时的中捷贸易中，制造业占29.2%，电力、燃气及水供应占29.2%，各类商业服务业占24.5%。中国生产的具有一定附加值的纺织品、化工产品、交通运输类产品都是通过捷克相关产业部门加工后再出口的②。在2011年，

---

① Xu, B. and Lu, J. Foreign Direct Investment, Processing Trade, and the Sophistication of China's Exports. *China Economic Review*, 20, 425–439, 2009; Mary Amiti and Freund, Caroline, An Anatomy of China's Export Growth. Global Implications of China's Trade. Investment and Growth Conference, April 6, 2008, IMF Research Department.

② 一个行业产出的中间产品可以被另一个行业加工并出口。

来自中国制造业和商业服务业的产品附加值比例在捷克总出口的比例有所上升。表2-8说明了更多的细节：例如，纺织业与1995年相比，重要性逐渐降低。电脑、电子和光学设备行业却一直在增长。同时，批发和零售贸易，同研发领域一起逐渐成为中国向捷克出口的重要的带有附加值的产品。考虑到地理位置的因素，德国依旧是捷克出口的主要对象国，不过斯洛伐克以及其他国家的重要性在削减。法国、英国和波兰的重要性提升。表2-8还表明，部分属于捷克生产的带有中国附加值的产品最终又出口回流至中国，主要是电脑、电子和光学设备以及电气机械设备等。因为这些设备由捷克出口至德国。

总体上，在中国对捷克的贸易中，中国向捷克出口的带有附加值的产品与中国对捷克出口产品的变化趋势非常相近。也就是说中国对捷克出口额不断增加，其中中国产品的附加值也是在增长的。此外，中国产品也越来越多地把捷克作为中间目的地，也就是说通过捷克再加工或转口贸易的中国产品也是在不断增长的。考虑到捷克与周围欧盟国家的贸易关系，捷克作为中国产品进入欧洲的中转地，这一情况还没有被广泛认识到。

表2-8　　　　　2011年捷克总出口中来源于中国产品的附加值情况　　　　单位:%

| 各类行业进口产品的附加值占比 | 具体细分行业（进口产品的附加值占比） | 出口行业 | 出口行业占捷克总出口的比例 | 出口产品的主要目的地 |
|---|---|---|---|---|
| 全部工业制成品（47.1） | 电脑、电子及光学器材（15.5） | 电脑、电子及光学器材 | 12.9 | 德国（20.6），英国（16.7），意大利（6） |
| | | 电气机械及器材 | 6.7 | 德国（35），中国（5.8），奥地利（4.7） |
| | | 汽车、挂车和半挂车 | 15.7 | 德国（32.5），法国（8.4），俄罗斯（6.3） |
| | 化学与化学产品（3.3） | 电脑、电子及光学器材 | 15.7 | 德国（32.5），法国（8.4），俄罗斯（6.3） |
| | | 汽车、挂车和半挂车 | 15.7 | 德国（32.5），法国（8.4），俄罗斯（6.3） |
| | | 橡胶和塑料制品 | 4 | 德国（30），法国（6.2），波兰（7） |
| | 基本金属制品（4.4） | 电脑、电子及光学器材 | 4 | 德国（30），法国（6.2），波兰（7） |
| | | 汽车、挂车和半挂车 | 4 | 德国（30），法国（6.2），波兰（7） |
| 各类商业服务行业（38.6） | 批发和零售贸易；维修（19.4） | 电脑、电子及光学器材 | 4 | 德国（30），法国（6.2），波兰（7） |
| | | 汽车、挂车和半挂车 | 4 | 德国（30），法国（6.2），波兰（7） |
| | | 纺织品、皮革和鞋类 | 2.1 | 德国（23.6），意大利（18.1），波兰（6.5） |
| | 运输和仓储（4.8） | 电脑、电子及光学器材 | 2.1 | 德国（23.6），意大利（18.1），波兰（6.5） |
| | | 汽车、挂车和半挂车 | 2.1 | 德国（23.6），意大利（18.1），波兰（6.5） |
| | 研发和其他业务活动（4.7） | 电脑、电子及光学器材 | 2.1 | 德国（23.6），意大利（18.1），波兰（6.5） |
| | | 汽车、挂车和半挂车 | 2.1 | 德国（23.6），意大利（18.1），波兰（6.5） |
| | | 机械和工具 | 9 | 德国（33），俄罗斯（6.5），法国（5.8） |

来源：OECD 数据库，https://stats.oecd.org/index.aspx? queryid = 66237，accessed 18 August 2015。

### 3. 捷克与德国的经贸投资关系

德国是欧盟内最强大的经济体，世界第二大出口国。它也是捷克出口商品和服务的主要对象国。捷克前14大出口对象的份额占捷克总出口的50%以上，其中德国占据了较大比例。历史上，捷克和德国经贸关系开始迅速发展是在1989年捷克发生"天鹅绒革命"之后，革命后捷克的市场导向完全是朝着西欧国家发展。同时，德国统一后也成为当时捷克斯洛伐克的主要贸易伙伴，德捷两国间贸易由于地理位置的因素运输成本较低。在捷克加入欧盟后，两国继续深化了这一关系。在2011年，两国实现了劳动力的自由流动，这也带来了对贸易的促进作用。目前，商品、服务、人员和资本能够在两国间自由流动。从投资角度来看，德国是捷克的最重要的投资伙伴之一。不过，德国对捷克的投资远大于捷克对德国的投资。虽然金融危机导致德国对捷克投资减弱，但投资热情很快就恢复。目前大部分德国资金投资到了捷克的汽车、商业服务、金融以及电子设备领域。其中最大的投资是大众集团对斯柯达的投资，这一投资直接提升了捷克在汽车制造业领域的竞争力。①

　　德国对捷克投资的 20% 都集中在汽车制造业，这些总投资额甚至超过了捷克国内对这一行业的投资。从具体企业来看，德国对捷克的直接投资主要集中在斯柯达汽车公司（Skoda Auto）、博世捷克柴油设备公司（Bosch Diesel）、大陆轮胎捷克公司（Continental）、西门子电气捷克公司（Siemens Electric Engines）以及海拉汽车技术公司（Hella Autotechnik OVA）。事实上，它们都是斯柯达汽车的供应商，斯柯达集团的影响力可见一斑。除了德国，日本、韩国和法国也都是捷克汽车行业的投资来源国。② 在其他领域，德国能源集团 RWE 在 2002 年收购了捷克天然气公司 Czech Transgas。其他重要的德国投资者是德国电气公司（AEG）、杜塞尔多夫展览集团公司（Messe Düsseldorf）、德国意昂集团（E. ON）、德国林德集团（Linde）、德国电信股份公司（Deutsche Telekom）、德国可耐福公司（Schoeller，Knauf）、德国保赫曼公司（Paul Hartmann）等。总体来讲，大约有 3500—4000 家

---

① http：//www. businessinfo. cz/cs/clanky/nemecko-obchodni-a-ekonomic-ka-spoluprace-s-cr – 19044. html.

② http：//www. czechinvest. org/dwn-investicni-pobidky.

德国企业在捷克。① 然而，对捷克来讲，德国的投资环境十分具有挑战性。安永会计师事务所的研究报告显示，一个经济体对投资者施加了较高的经济负担，特别是税务和社会福利方面，而德国就是典型的代表，这就使得德国对外来投资者来说并不是非常理想的投资地。② 捷克在德国的投资公司主要有捷克爱格富集团公司（Agrofert Holding）、捷克 EP 能源公司（EP Energy）以及捷克派塔集团（Penta Group）。

在金融危机中，世界市场总体需求的下降严重影响了德国的出口。不过，捷德双边贸易近年来逐渐开始恢复，在 2011 年到达了自 1993 年来最高峰，是 2000 年的两倍。③ 通常来讲，捷克在与德国的贸易中处于顺差地位，而且顺差在一直加大，特别是在机械和交通设备领域。除德国之外，捷克也在同其他新兴市场国家发展贸易。澳大利亚、中美洲以及北非是重要的潜在市场。由

---

① http：//www. businessinfo. cz/cs/clanky/nemecko-obchodni-a-ekonomic-ka-spoluprace-s-cr – 19044. html.

② http：//www. academia. edu/6923836/European_ Automotive_ Survey_ 2013_ Survey_ results，last accessed 25 June 2015.

③ https：//www. czso. cz/documents/10180/20534548/a – 601212. pdf/ 7236c15d – 2644 – 448b – ad49 – 5181f6e4bb26？ version = 1. 0，last accessed 26 September 2015.

于采取贸易多元化的策略，德国在捷克的市场份额近几年有所下降，2005年的占比为32%，2014年则为29%。① 当然，对德国来说捷克不是重要的贸易伙伴，捷克仅排在德国出口的第11位，但对捷克出口占德国总出口额的比例却一直在上升，目前是3.5%。② 此外，捷克与德国工业结构十分相近。两国的传统工业都是制造业，目前这一领域也是两国双边贸易的核心内容，其中机械和交通设备制造占据了两国货物贸易的近一半。③

捷克的出口很大程度上倚仗德国，不过，其他国家的市场，例如中国、美国和其他欧洲国家市场对捷克的出口也是很重要的。通常来讲，德国市场较大，但那些质量好、附加值高的商品才能进入德国市场。④ 从捷克出口至德国的商品大部分为中间产品，这些产品还需要进一步加工运往第三国。例如在2011年，几乎有62%的捷克对德国出口是中间产品。从图2-1可以看出，捷克对

---

① https：//www.czso.cz/csu/czso/hmu_ cr.

② https：//www.destatis.de/DE/ZahlenFakten/GesamtwirtschaftUmwelt/Aussenhandel/Handelspartner/Tabellen/RangfolgeHandelspartner.pdf? _ _ blob = publicationFile.

③ Buchheim, C. et al, Československo a dva německé státy. Albis International：Ùstí nad Labem, 2011.

④ http：//www.czechtrade.cz/czechtrade-svet/evropa/nemecko/.

德贸易中，以德国为最终目的地的附加值产品出口只占
一少部分，其价值要远低于捷克向德国的总出口额，而
且德国远非捷克的最终目的市场，有捷克附加值的产品
的出口额也较少。

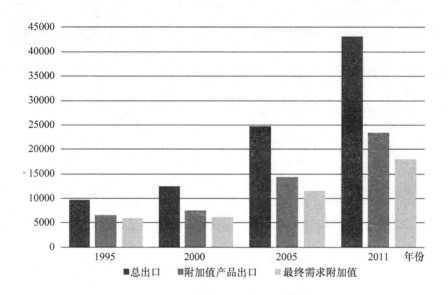

**图 2 - 1  1995—2011 年捷克与德国双边贸易情况（单位：百万美元）**

资料来源：https：//stats. oecd. org/index. aspx？ queryid = 66237。

单看有附加值产品的出口情况，捷克出口的最大特
点就是，其产品中所包含的来自外国的附加值较高，其
占比在 2011 年已经达到了 45% 。同时，大约有 12% 的
产品外国附加值是来自德国，这使德国成为捷克最大的
附加值来源国，其中大部分附加值来自位于产业链上游

的服务行业。部分含有德国附加值的产品被德国再进口又进行加工或销售，这一部分的再进口价值占捷克总出口的0.2%。同时其他国家从捷克的再进口占捷克总出口的1%左右，这进一步证实了捷克已经融入了一条区域和全球产业链之中。捷克再出口的产业主要集中在汽车制造领域。不过捷克不仅仅为斯柯达、法国标致、雪铁龙、日本丰田、韩国现代等汽车企业进行组装和再出口配件的服务，而且国内也有本土企业生产车辆配件，出口至德国、法国和意大利等国家。[①]

最后，需要强调的是，德国为了提高自己的贸易和投资地位设立了一系列的交流机制。在部长层级，德国联邦的经济和能源部负责推进德国的对外贸易，创造良好的出口环境，加强同其他国家的关系。[②] 同时各类商会也扮演了重要角色，例如在政策建议、分析等方面。[③] 其中，捷克—德国商会是捷克国内最大的商会之一，有六

①　http：//www10. iadb. org/intal/intalcdi/PE/2011/08977. pdf，last accessed 5 July 2015.

②　http：//www. bmwi. de/BMWi/Redaktion/PDF/F/fakten-zum-deutschen-aussenhandel－2013，property ＝ pdf，bereich ＝ bmwi2012，sprache ＝ de，rwb ＝ true. pdf，last accessed 26 September 2015.

③　http：//www. ahk. de/ueber-ahk/ahk-aufgaben/，last accessed 26 September 2015.

百家企业会员。① 德国通过各州的机构也会推动与捷克的贸易。这些机构主要为国际合作、产品研发以及市场分析提供支持，同时也为德国投资企业做中介服务。② 此外，德国还频繁组织各类展会来开拓国外市场。这也是捷克与德国紧密的贸易关系背后的重要推动因素。

## （二）中国对捷克投资的现状和潜在机遇

随着中捷两国政治关系的不断改善，两国在经贸、投资等方面的合作机遇也在不断扩展。特别是在投资合作领域，虽然中国企业在捷克投资数量并不多，且投资历史也不长久，但是近年来增长势头很好。此外，在投资方面捷克对中国企业有一定吸引力。

### 1. 中国在捷克投资现状

在投资方面，1994—2014 年，中国对捷克投资的总额为 6 千万美元，仅占捷克外来投资的 0.18%。③ 中国

---

① http：//tschechien. ahk. de/cz/clenstvi/, last accessed 26 September 2015.

② http：//www. gtai. de/GTAI/Content/EN/_ SharedDocs/Downloads/About-us/image-flyer-english. pdf, last accessed 26 September 2015.

③ https：//www. cnb. cz/cs/statistika/platebni_ bilance_ stat/pzi/index. html.

投资的影响也十分有限。① 2014 年后，捷克迎来了一波中国投资的高潮，根据捷克媒体报道，这一波投资热潮已经为捷克带来了 100 亿克朗（约合 26 亿元人民币）的投资额。② 根据捷克投资局信息，2014 年之前，中国每年对捷克的投资从未超过 5 亿克朗（约合 1.3 亿人民币），捷克这一波投资热潮无疑是在两国关系迅速提升的背景下产生的。但从总体上看，中国在捷克的投资额目前并不是很高，一些亚洲国家在捷克的投资额目前也远超中国。例如，截止到 2015 年年底，韩国在捷克的投资额是中国的近 3 倍，日本在捷克的投资额更是中国的 10 倍之多。③ 目前，中国在捷克的主要投资企业有：中国华信集团、华为技术（捷克）有限公司、中兴（捷克）有限公司、长虹欧洲电器有限公司、上海梅林（捷克）有限公司、上海运城制版、陕鼓动力集团等。

　　中国企业在捷克的投资形式以并购活动居多。目前，捷克国内有几个大型中国企业在进行投资活动。其中比

---

　　① Petr Zapletal、Zuzana Stuchlikova、孟庆平：《中国与捷克的贸易联系：部门分析》，《山东财政学院学报》2013 年第 4 期。

　　② http：//news. cri. cn/2016324/8823ab2e-d1ef-55d8-ebdb-c85fcf928b1b. html.

　　③ http：//www. czechinvest. org/data/files/tz-cina-priloha - 11 - 02 - 2016 - 5401. pdf.

较著名的是四川长虹集团，该企业在捷克宁布尔克的工厂有 300 多名员工，每年生产 100 万个电视屏幕，同时享受捷克的投资优惠政策。长虹集团还有计划在近几年扩大业务范围。华为也在 2003 年投资捷克，最早进行的是宽频技术解决项目，目前华为已经成为一个经营手机、智能平台以及管理系统的企业。同时华为也是在捷克的几大电信公司 Telefónica、T-mobile 以及 Vodafone 的重要合作伙伴，华为目前在捷克雇佣了近 400 人。中兴集团，作为世界第四大手机生产商也与这三个捷克电信企业有合作。2015 年，西安陕鼓动力股份有限公司在捷克布尔诺市与捷克 EKOL 公司正式签属股权转让协议。按照协议，陕鼓动力股份有限公司将分阶段购买 EKOL 公司股东所持有的 100% 的股权，并计划在捷克建立一个研发中心。[①] 从事电气设备开发和生产的上海诺雅克电气有限公司将欧洲总部设在了捷克。中国山东临沂的企业投资了 5000 万克朗与捷克 KK 食品公司合作，还有北京航空公司投资了捷克水晶企业。不过，并不是所有在捷克的投资都成功。例如上海梅林食品厂在 2007 年和 2008 年

---

① http：//moravskehospodarstvi. cz/article/ekonomika/miliardova-investice-cinane-koupili-vetsinovy-podil-v-brnenske-firme-ekol/.

投资捷克后，目前很可能濒临破产。① 除了中国大陆外，中国台湾地区及其他东亚国家在捷克也有投资，且规模较大。例如富士康已经成为捷克的第二大出口商，计划到 2018 年共投资 1 亿欧元来扩大生产，建立研发、设计和数据中心。② 其他企业还包括韩国的现代集团和耐克森轮胎有限公司，日本的大金公司、东海理化公司和 TPCA 公司等。

中国在捷克的投资企业面临的最大的问题是本土化的问题，这也是所有东亚公司面临的一个共同挑战，即他们无法融入当地经济之中。有研究报告称，日本和韩国的汽车企业排斥捷克本土企业，不让这些本土企业加入其生产网络。日、韩企业更加依赖捷克之外的国外资源或者是自己国家的资源。③ 东亚在捷克的投资主要集中在制造业，但捷克政府却希望能够吸引更多能生产高附加值产品的投资。在东亚公司中，目前只有以富士康为

---

①　http：//www. businessinfo. cz/cs/clanky/cina-obchodni-a-ekonomicka-spoluprace-s-cr – 19054. html#sec4.

②　http：//www. novinky. cz/ekonomika/359760 – do-ceska-zrejme-prite-cou-dalsi-korejske-investice. html.

③　Pavlínek, P., and Žížalová, P., "Linkages and Spillovers in Global Production Networks：Firm-level Analysis of the Czech Automotive Industry", *Journal of Economic Geography*, 2015.

代表的几家公司是朝着这个方向在发展。不过问题是富士康的投资大多都流入研发设计部门，而不是用于扩大生产能力和雇佣更多廉价劳动力。

值得注意的是，大多数中国在捷克的投资是通过捷克投资局和其海外办公室来实现的，其中也包括在上海的分部①。然而中国企业大部分都没有充分利用捷克的投资优惠政策。捷克在1998年推出了投资优惠政策，并在2000年提高了这一政策待遇。根据世界贸易组织2001年的报告，在2000年通过的优惠政策，改变了以前那种根据具体投资案例来给予优惠的政策，实行了一揽子的优惠政策。这一转变提高了捷克在吸引外来投资方面的竞争力。不过优惠政策的门槛比较高，很多捷克本地的中小企业都无法达到这些要求，对于外国企业来讲，其达到获得优惠政策所需的成本恐怕远远高于享受到的优惠。除了这一点外，捷克投资局认定的优先投资领域为：航空、汽车、商业支持、能源、环保、高新技术机械、信息通信技术、生命科学、纳米科技和原材料。捷克还为建设制造中心、研发和技术中心以及商业服务中心的投

---

① 捷克投资局全名为捷克投资与商业发展局，是隶属于捷克工业与贸易部的一个部门，主要负责投资类活动。

资提供金融支持，规模可达投资成本的 25%。捷克政府规定，除了在布拉格投资外，在其他地区投资都可以享受投资补贴。主要有四种优惠政策，即减免税收、创造就业补贴、培训补贴以及现金投资补贴。另外，还有财产税方面的优惠。自从新的投资优惠政策出台以来，很多汽车和机械制造业企业的投资都获得了支持。目前，高附加值投资领域的新投资者也逐渐显现。捷克外交部下属的一个经济部门也逐渐将创造本土附加值和吸引国外高附加值行业的投资作为重点[1]。

## 2. 捷克对中国企业的吸引力

对大部分中国企业来讲，捷克具有以下几点吸引力：

首先，捷克一直是温室气体排放的净出口国家，而在其他大部分欧洲国家却都是净进口国。这进一步确定了制造业在捷克经济中的角色。[2]

其次，在制造业领域，捷克有很多本地供应商。捷克是全球供应链的一部分，同时也是参与度较高国家之一。捷克投资局也有一个本土供应商的数据库，能够帮

---

[1]　详情请见 www. czechinvest. org。

[2]　Vlčková, J., Nosek, V., Novotny, J., and Lupíšek, A., "Carbon Dioxide Emissions Embodied in International Trade in Central Europe Between 1995 and 2008", *Unpublished paper*, 2015.

助外国投资者寻找合作伙伴。① 与本土供应商合作，能够
降低中方企业的投资成本，同时也能够收获一定的溢出
技术和知识。

再次，帮助中国企业打开欧洲市场。除了制造业的
投资外，捷克的铁路、医疗和旅游业也有很多外来投资。
自捷克加入欧盟以来，捷克更加依赖出口，无论是最终
产品还是中间产品。这不仅因为捷克是申根国家，也因
为捷克的出口商已经融入欧洲市场，而且投资者能够获
得捷克的高质量且相对低廉的劳动力。因此，捷克能够
帮助中国的投资者扩大在欧盟市场的份额。

最后，捷克有着较强的技术研发能力，特别是在交
通、机械、电子、IT、医药等领域，捷克有着很强的创
新能力和新产品开发能力。从创新技术的角度来看，捷
克一直重视创新研发。在研发投入方面，捷克在过去的
十年内已经翻了一番。大部分商业研发投资进入了汽车、
电子和机械行业领域。考虑到科技出版物和专利的数量，
捷克目前在光学、材料科学和纳米技术方面有着世界领
先的地位。从更广泛的范围来讲，仪器仪表、能源科学、

--------

① https：//suppliers. czechinvest. org/Aplikace/suppliers＿ ext. nsf/index. xsp.

材料科学、电子、通信、生物医药、化工、临床药物和环境科学方面有着良好的发展前景。① 另外，捷克国内兴建起了各类科技中心，主要集中在信息技术（如国家超级计算机中心，IT4 Innovations；新技术和信息社会研究中心，NTIS）、生物技术（查理大学生物技术和生物医药科学院，Biocev；中欧技术研究所，Ceitec）、材料科学（中欧技术研究所；泰尔奇卓越中心，CET Telč）、激光科学（欧盟激光项目在捷克的分支机构，ELI Beamlines）、临床药物（国际临床研究中心，ICRC）、气候变化（捷克全球气候研究中心，CzechGlobe）等领域。

目前，捷克对外来投资的活动主要存在两大疑虑，第一是对低附加值行业投资项目的疑虑，尤其是在基础设施建设方面。捷克拥有密集的通往邻国的铁路和公路网络。目前正在翻修和兴建到柏林、维也纳的公路，国内铁路网络的现代化更新也正在进行。捷克获得的欧盟资金大部分都流入了这一领域。因此捷克交通基础设施的联通十分良好，再加上其优越的地理位置，能够通往欧洲各大物流中心。虽然基础设施建设的投资得到捷克

---

① http：//www. msmt. cz/uploads/OP_ VVV/Narodni_ RIS3_ strategie_ schvalena_ vladou_ 8. _ 12. _ 2014. pdf, last accessed 21 May 2015.

政府的支持，但这也对捷克经济产生了一些负面影响，比如需要大量资金和人手来维护以及升级基础设施；建造和维护过程中创造了很多廉价的、没有技术含量的工作岗位；大量建筑占据了捷克的耕地。第二是对高附加值行业类投资的疑虑。例如虽然已经建立了这些科技中心，但是其可持续性依旧值得怀疑。因为这些资金都是直接用于建设中心，而不是运营。同时由于这些机构的数量较大，科技研发人员的高昂的人力成本也会成为问题。

### 3. 捷克吸引中国企业的优势产业和领域

综上所述，中捷两国可以在以下领域加强合作：

（1）信息通信技术

信息通信技术在近几年突飞猛进，成为捷克主要产业之一。首先是这一产业的增长主要是依靠外来投资以及商业服务中心的兴起，其次是捷克本土通信企业的崛起。很多国际知名的信息通信技术公司在捷克设立分部，例如微软、IBM 等，这些分部都建立在那些能够获得投资优惠的地区，即布拉格之外的地区。不过，值得注意的是，在这一类服务行业的直接投资对当地经济的作用有限，特别是他们对本土知识创造的贡献很小。主要的原因是这些公司在捷克并没有同当地民众和政府保持密切关系。[①] 在信息通信技术领域，布尔诺成为了主要城市，因为其有着高质量的编程人员和比布拉格更低廉的劳动力。中捷双方在计算机、通信技术以及电子元件方面有重要的合作项目。如上文所述，中国大陆的华为、中兴以及台湾地区的富士康等通信电子企业在捷克进行投资活动，特别是四川的长虹公司早在 2005 年就在捷克投资建设了彩电生产厂。

（2）汽车制造业

捷克汽车工业产值在制造业产值中占比约为 20%，其出口占捷克出口的 19% 以上，雇佣了 15 万劳动力。捷克斯柯达汽车公司（1991 年并入德国大众集团）是捷克第一大出口企业，也是捷克实力最强的汽车公司。2014年，在中国的销量为 28 万辆，斯柯达公司一直将中国视为目前及今后长时间内最重要的海外市场。目前，大众斯柯达已经在上海、宁波等地建立合资工厂，年生产整车超过 50 万辆。中国已有几家企业在捷克投资从事汽车

---

① Capik, P. and Drahokoupil, J., "Foreign Direct Investments in Business Services: Transforming the Visegrád four Region into a Knowledge-based Economy?", *European Planning Studies*, 2011.

零配件的生产，未来中国投资捷克汽车产业仍有较大潜力。捷克是全球十五大客车生产国之一，同时捷克人均汽车数量排名世界第二，仅次于斯洛伐克，每一千人便拥有118辆汽车。捷克相对其他中欧国家，有着较悠久的汽车制造传统。不过，除了斯柯达汽车外，捷克汽车产业研发能力却十分有限。[①] 大部分捷克公司是其他外资企业的一级供应商，外资企业与本土劳动力的雇佣关系多发生在产生低附加值的职位。另外，出口产品的附加值比例通常较低，在2011年，交通设备占总出口的17%，仅占本土出口产品附加值的14%。这是因为在交通设备出口中，来自外国的附加值比例较高，达53%。所以从某些方面来讲，汽车行业对捷克经济的作用被高估，但是中捷两国的相关合作重要性仍不可忽视。在中捷两国的汽车制造业合作方面，第一个在捷克投资的中国汽车公司是亚普汽车部件股份有限公司，目前已经是斯柯达公司的固定零件供应商，其投资额达到1000万欧

---

① Pavlínek, P., and Ženka, J. "Upgrading in the Automotive Industry: Firm-level Evidence from Central Europe", *Journal of Economic Geography*, 2010.

元。这一由捷克投资局推动的项目，创造了 80 个新岗位。[①] 重庆的企业也在捷克投资，创造了 600 个岗位，以生产汽车密封件为主。[②]

（3）机械制造业

机械制造业是捷克最重要的制造业之一，特别是机床、电站设备、环保设备以及军工产品等在国际上有较强的竞争力。捷克知名的高端机械制造品牌有 TOS、MAS、SKOD、ZPS、ZDAS 等。这些品牌的很多产品出口到了中国。在高端机械产品方面，中国有着巨大的市场需求，特别是中国要解决城市化所带来的水污染、空气污染以及垃圾污染等环境保护问题。捷克在环保技术和设备方面具有较高水平，尤其是污水处理、城市垃圾处理设备和技术具有世界领先水平。此外，捷克生产的城市垃圾处理和焚烧设备工作效率高，运行成本低，有较好的性价比。

（4）纳米技术和生物技术

捷克有着很强的纳米技术研发能力。捷克利贝雷茨

---

① http：//ekonomika. idnes. cz/autoprumysl-v-cechach-laka-cinany-dl5-/ekonomika. aspx？c = A120511_ 194301_ ekonomika_ ert.

② http：//hradecky. denik. cz/podnikani/cinske-investice-prinesou-dalsi-pracovni-mista – 20150406. html.

技术大学在欧洲纳米纤维工业化领域享有一定的声誉。该大学的研究中心主攻纳米材料，有着高质量的设备和高素质的研发人员，与企业伙伴联合开展创新研究。此外，还有很多专业的纳米纤维制造公司，例如 Elmarco 公司、Nafigate 公司、SYNPO 公司和 Pardam 公司。最近有捷克公司开发了一种新型的纳米纤维薄膜，具有优良的性能，包括非常高的水汽渗透性，高抗水性，100% 防风，完全可以用于室外运动和军事用途。[①] 捷克还兴建了几家生物技术科技中心，例如查理大学生物技术和生物医药科学院（Biocev）、中欧技术研究所（Ceitec）。很多位于捷克的生物技术公司，例如 Biovendor 公司和 EXBIO Praha 公司都是世界领先的透明质酸生产商。目前，中国企业已经开始关注这一领域，2015 年捷克一家生物技术公司（PrimeCell Therapeutics Inc）和中国生物技术公司（SCL Biotechnology）联合组建了捷克 SCL Biological 公司，专业生产特定类型的干细胞。新公司位于捷克俄斯特拉发（Ostrava）生物科技园。捷克方面提供了大量高水准研究人员和实验室设备。

---

① http：//liberec. idnes. cz/bunda-z-nanomebrany-z-liberce-djn-/liberec-zpravy. aspx？ c = A150219_ 084010_ liberec-zpravy_ tm.

（5）医药领域

医药涵盖了医药科学和医药技术，特别是在生物医药和临床医药方面，捷克的技术处于领先地位。例如，捷克科学家因为发明了极谱法和抗艾滋病成分而获得诺贝尔奖。近几年，在医药技术出口和医疗生产方面，捷克企业也呈现出了巨大潜力。同时，捷克国内持续的工资增长以及人口老龄化保证了这一行业的发展前景。捷克企业能生产高质量的手术器械、病床、消毒器和 X 光机，也能够为设计、治理和节约医疗成本提供解决方案。捷克医疗产品具有较高的竞争力，有大约 2/3 的产品出口到西欧。主要公司包括 LINET、BMT 和 BORCAT CZ。除了医药技术外，在医药其他领域也有合作空间，例如中医正在捷克逐渐兴起，2015 年，中国中医科学中心在捷克赫拉德茨－克拉洛韦（Hradec Králové）成立，这是中东欧第一家中医中心，专注于多发性硬化和肿瘤疾病的治疗。捷克的各类疗养小镇也可以成为医疗旅游业的合作项目。

（6）旅游业

由于乌克兰政局动荡和俄罗斯与欧洲关系恶化，俄罗斯游客的数量急剧减少，人均花费也在减少。同时，中国游客大量增长。捷克也试图吸引更多中国游客。2015 年，超过 28 万中国游客到捷克旅游，在外国游客数量中居第八位，而在 2010 年时仅有 8 万中国游客。[①] 2015 年，中国游客花费超过了俄罗斯游客，目前占捷克游客总花费的 26%。捷克的疗养小镇也是具有吸引力的地方。捷克卫生部和中捷商会已经签署了一份协议，让 120 名患有呼吸系统疾病的孩子赴捷克的查理温泉（Karlova Studánka）疗养。在浴疗方面的合作能够改善捷克疗养行业的经营情况。[②] 同时，河北省也计划投资 1 亿欧元在捷克兴建疗养中心。[③] 中国地方政府积极鼓励与捷克在旅游方面进一步合作，捷克政府在成都、上海开设了领事馆，北京、上海、成都也都开通了通往布拉格的直飞航班。这些都为双方旅游业的合作、发展提供了不可或缺的条件。

（7）其他行业

在其他领域内，中捷也有很多潜在的合作项目。在金融合作领域，2015 年 9 月，中国银行在布拉格设立了

---

① https：//www.czso.cz/csu/czso/hmu_cr.

② http：//czechchina.com/hmm/? p = 7487.

③ http：//liberec.idnes.cz/bunda-z-nanomebrany-z-liberce-djn-/liberec-zpravy.aspx? c = A150219_084010_liberec-zpravy_tm.

分行。2016 年 6 月，中国工商银行与捷克政府签署了合作备忘录，共同推动设立中东欧基金并开展相关合作。捷方拟出资 2 亿欧元参与中东欧基金，并支持该基金在捷克的投资经营，提供必要的投资指引，推荐潜在的投资机会。中国华信在捷克投资了约 20 亿克朗，购买了捷克金融集团 J&T 5% 的股份。华信还计划在房地产等领域投资 380 亿克朗。中国复星集团也计划投资 30 亿欧元在捷克的房地产、制造业和小型科技类公司领域。近期，在物流方面的投资也有所起色。中国物流商递四方速递计划进入捷克市场，与新加坡邮政公司和阿里巴巴联合在北波希米亚地区（North Bohemia）建立物流中心。中国还计划参与兴建捷克基础设施，特别是铁路和机场的建设。2016 年 3 月份，中国广核集团与捷克能源集团在布拉格签署了核电领域的合作备忘录。在技术和教育领域，捷克支持和欧盟外的公司开展技术合作，中捷大学间的合作也日益凸显。俄斯特拉发科技大学和苏州大学已经开展了合作。

# 三 中国发展与捷克经贸投资
关系面临的问题

近几年来，捷克与中国关系不断提升改善，两国间的投资贸易关系不断发展。2008年全球金融危机爆发后，作为出口导向经济体的捷克也因为全球需求的下降而承受经济下行的压力。出于发展经济的目标，捷克越来越重视中国的市场和资本，同时，中国的企业也逐渐认识到了捷克在高端制造业方面的较高水平以及作为中国资本进入欧盟的桥头堡作用，近两年来随着两国关系的发展，经贸投资关系不断深化。

## （一）中捷贸易关系现状和存在的问题

中国近两年来成为捷克在欧洲之外的最大的贸易伙伴，捷克目前也是中国在中东欧地区的重要贸易伙伴，中捷之间的贸易量在中东欧国家中仅次于中国—波兰贸易量。

### 1. 中捷贸易现状

中捷贸易关系近十多年来一致处于增长态势（见图

3－1），即使在 2014 年之前中捷双边政治关系并没有现在的良好氛围的情况下，两国贸易额也在稳步增长。

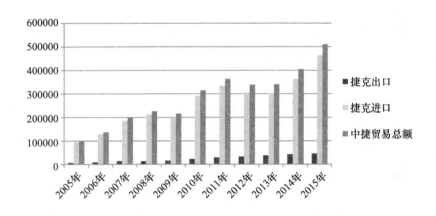

图 3－1　2005—2015 年捷克与中国的贸易情况（单位：百万克朗）

来源：根据捷克工业与贸易部网站数据制作（http：//www. mpo. cz/en/foreign-trade/statistics/archive. html）。

根据捷克方面的统计数据，可以看出 2005 年以来中捷贸易呈现出日渐增长的态势。当然其中在 2009 年中捷贸易出现了小幅下跌，主要是由于 2009 年捷克受到国际金融危机以及欧债危机的影响，从中国进口的额度明显减少；2012—2013 年，中捷贸易额同样因为从中国进口的额度有所减少而出现小规模的下降。但是贸易额下降幅度和延续的时间都不是很长，之后中捷贸易额都在迅速上升。捷克方面的数据显示 2015 年中捷贸易总额接近

183 亿美元，其中捷克对华出口 16.73 亿美元，捷克从中国进口 166.05 亿美元，对华贸易逆差为 149.32 亿美元[①]。根据中方的相关统计数据，2015 年中捷双边贸易总额约合 207 亿美元，占捷外贸总额的 7%。其中，捷对华出口约合 18 亿美元，占捷出口总额的 1.2%；捷自华进口约合 189 亿美元，占捷进口总额的 13.5%；捷对华贸易逆差约为 171 亿美元。与上年同期相比，以克朗统计的捷中双边贸易总额、出口额和进口额分别增长 25.9%、6.5% 和 28.1%，以美元统计的捷中双边贸易总额增长 7.8%，捷克出口额下降 9.8%，进口额增长 9.9%。2015 年中国与捷克的贸易总额已经超过捷克与波兰贸易总额，成为捷第三大贸易伙伴，仅次于德国和斯洛伐克。[②] 由于外贸统计口径、方法的不同，中捷两国各自的统计数据有一定的差距，但总体上看，双边贸易有着以下的特点：

首先是中捷贸易额近两年来的增速明显加快，特别是中国对捷克的出口额增速明显，而捷克向中国出口额

---

① 根据捷克工业与贸易部网站的数据：http://www.mpo.cz/dokument169930.html。

② 中国商务部网站：http://www.mofcom.gov.cn/article/i/dxfw/jlyd/201602/20160201262989.shtml。

近几年来都没有明显的增长。实际上，中捷贸易额增长主要是由中国对捷克出口的增长导致的，捷克长期以来在对华贸易中处于逆差地位。

其次是从两国贸易产品的内容来看，目前中国向捷克出口的主要产品是：机械及交通设备、自动化设备及零部件、电子通信产品及零部件、纺织品、服装类产品、儿童用品等。捷克向中国出口的主要产品有：机器及运输设备、金属制品、精密仪器等。① 可见在两国产品贸易中，中国对捷克出口产品构成包含了从低端到高端的工业产品门类，特别是电子类产品是近年来中国对捷克出口产品中的重要内容。而从捷克方面来看，其对华出口产品以高端工业产品为主，特别是汽车及其部件成为出口到中国的最主要产品，总体上捷克对华出口的主要产品种类比较单一。捷克对华贸易中存在巨额贸易逆差与其对华出口产品种类单一有很大的关系。

## 2. 中捷之间贸易不平衡的问题

从上文的相关数据和论述中可以看出，中捷贸易中存在的主要问题就是贸易不平衡，即捷克处于贸易逆差

---

① Facts on Foreign Trade of the Czech Republic 2014. http：//www. mpo. cz/dokument158122. html.

地位。实际上，捷克对华贸易逆差从 1993 年开始出现，一直处于增长态势，2002 年中国就已经是捷克第三大贸易逆差国家，从目前的发展趋势来看，这一问题短时期内难以解决。

中捷之间贸易逆差的形成有如下几点原因：

第一，中国对捷克出口的产品竞争力和优势要高于捷克对华出口的产品。中国出口到捷克的产品是捷克国内所需的，且中国产品具有较强的竞争力，其中，中国的计算机、通信产品及零部件占到对捷克出口额的一半左右。捷克的纺织业、制鞋业、皮革产业以及汽车和机械制造业是其国内比较先进的产业，但是相对中国来说并不具有明显优势。由于这种进出口产品方面存在的差距，中捷之间的贸易结构目前还难以出现较大改变，这也决定了捷克的贸易逆差地位在短时期内难以改变。

第二，20 世纪 90 年代，捷克一直采取自由主义贸易政策，这一方面促进了其与欧洲特别是西欧国家的经贸关系，另一方面，也为中国价廉物美的产品进入捷克打开了大门。捷克却没有相应的能大量进入中国市场的产品。

第三，中国市场对捷克的优势产业，特别是在高端机床设备、环保技术和设备、新型材料、医疗器械、小型飞行器等方面了解较少，在相关方面的合作还有待深入。捷克的制造业水平在中东欧乃至整个欧洲都有较好口碑，但是捷克相关品牌在中国市场知名度还不高。另外，捷克主要对华出口的汽车、机器设备等面临着美国、西欧等发达国家的竞争，因此，捷克对华主要出口产品并不具有明显的优势，对中国市场的占有份额一直没有明显的提高。

第四，有捷克智库学者指出，捷克政府对华经济外交方面缺乏有效的手段，加之 2010 年之前捷克政府在涉华人权问题、西藏问题上对中国指手画脚，使得两国政治关系紧张，这导致了捷克难以打开中国市场。笔者认为，两国政治关系对两国经贸合作确实会产生一些影响，但从总体上看，即使在两国关系迅速转暖、提升以后，捷克对华出口额也没有明显的上升，而且两国此前政治方面存在的一些问题并没有对经贸关系产生重大的实质性影响，两国在经贸领域都采取了务实合作的态度。所以两国贸易额一直处于增长态势。

总之，中捷两国之间的贸易逆差问题并不是一朝一夕形成的，这一问题的解决需要耐心细致的工作。

### 3. 如何看待及改善中捷贸易逆差问题

中捷两国之间的贸易逆差是中国与中东欧国家的双边贸易中普遍存在的现象，体现了中国与中东欧国家在贸易方面结构性的问题。在这一问题上，首先中方不要感到过分担忧。从笔者与捷克智库学者的交流来看，了解本国经济的捷克学者对于中捷贸易逆差并不感到担忧。他们认为捷克的出口主要面向欧盟市场，特别是德国市场。捷克与德国在投资经贸方面有着密切的联系，捷克大量产品出口到德国，然后由德国再出口到其他国家。捷克的汽车制造业、电子产业以及高端机械设备制造业十分发达，捷克出口额约占该国 GDP 的 80%，其中主要市场是德国，捷克已经深入地融入了德国—中欧供应链中，大量捷克产品实际上是贴上德国的商标出口到中国。如捷克有很多企业是德国汽车公司重要供应商，其发动机制造、整车组装等水平与德国不相上下，捷克生产线下来的汽车直接运到德国，然后出口到中国。从贸易统计数据来看，捷克对外贸易总体上是处于顺差地位，2015 年捷克外贸顺差为 176 亿美元，其中对德国的贸易顺差达到了 148 亿美元[1]，如果

_____

① 根据捷克工业与贸易部网站的数据：http://www.mpo.cz/dokument169930.html。

考虑德国—捷克—中国三方贸易关系的话，当前捷克对华贸易逆差的统计数据并不能反映中捷两国之间的实际贸易关系。

同时，从全球贸易发展现状来看，全球产业链日益复杂、多元并且高度融合，形成了你中有我、我中有你的状况，产品的地域属性越来越不明显，再加上产业链流动导致的产品附加值不断变化，实际上仅从贸易逆差数据很难全面反映两国贸易关系。

另外，捷克社会中以及中国国内一部分人过于强调双边逆差不利方面，并没有从两国经贸关系的本质情况出发对待该问题。捷克一部分人强调贸易逆差是中国对捷克市场的"冲击、占领"，其背后是典型的"中国威胁论"在作祟。就国内来说，特别是一些政府部门总是急切寻找平衡两国贸易逆差的方式方法，消除贸易逆差带来的不良影响。但是这一问题不是一朝一夕能够得到妥善解决的，需要各方耐心细致的努力，更要尊重国际贸易规律和市场原则。

## （二）中国对捷克合作投资所面临的问题

近两年来，中国对捷克各领域的投资都出现了大幅度的增长，这很大程度上得益于双边政治关系的改善。但是中国对捷克投资短期内大幅增长，引起了捷克国内各阶层的关注，同时出现和面临的一些投资问题也是不可避免的。

### 1. 捷克对待中国投资的态度

对于中国对捷克的投资热潮，捷克国内有不同的态度。一方面，从政府层面来说，捷克政府热烈欢迎中国的投资，并希望成为中国资本、企业进入西欧的桥头堡。另一方面，捷克国内舆论和部分学者对中国在捷克投资持比较负面的态度，这在本报告第二部分中已经有过相关论述，不再赘述。根据笔者在捷克调研的情况来看，多数捷克智库学者和企业代表都能比较客观、务实地看待中国对捷克的投资。

对于投资领域来说，捷克从政府到社会舆论都欢迎中国前来进行绿地投资，这样可提高本国生产能力，尤其是增加就业岗位。在捷克投资的中国企业负责人曾向笔者表示，捷克政府不太关心外资企业投资建厂能给政府交多少税，而更关心企业能带来多少就业岗位，因为更高的就业率可以获得选民的支持，而且每个人的工资中有一部分作为税金上缴，这样政府财政也有保障。

2014—2015 年，中国的华信集团、陕鼓动力集团等国有企业引领了一轮对捷克的投资热潮，引起了捷克上下的关注。这轮中国投资热潮主要是以购买捷克资产以及并购捷克企业为主，这在捷克媒体及部分智库学者看来并没有给捷克的经济和就业带来多大的改观，反而成为一些人企图证明"中国买光捷克""中国威胁论"的证据。对此，也有捷克学者持比较客观的立场，认为中国企业还处于适应捷克及欧盟市场的过程中，欧盟的规则和激烈的市场竞争对中国企业来说是一种挑战，中国企业能否战胜这一挑战还需拭目以待，并购投资的方式对中国企业来说是比较稳妥的方式。但也有捷克的经济学家表示，中国的资产并购式投资购买捷克的技术，招聘捷克的研发团队，会导致捷克的先进技术和研发人员的流失。

对于中国企业参与捷克的基础设施建设，捷克国内政府官员与学者、舆论媒体存在不同的态度。捷克政府对中国参与捷克基础设施建设持积极态度。但很多捷克智库学者表示，在基础设施建设方面，捷克的基础设施条件在中东欧国家中比较好，捷克国土面积较小，铁路系统虽然陈旧，但是国内高速公路网发达，无论是铁路还是公路，捷克民众的使用成本都很低。捷克的电力能源不仅自足，而且还向其他欧洲国家供应电力。此外，欧盟每年给予的用于基建的资金较充裕，捷克对基础设施建设的资金需求并不强烈。捷克学者、媒体认为，之所以政府欢迎中国的基建投资，是因为政府人员参与基建工程能获得贪污腐败的机会。有捷克学者向笔者表示，捷克民众基本上把基建工程和腐败画等号了，不仅是中国的基建投资项目，即使是欧盟的基建投资，捷克有关人员都会从中贪污获利。当然在这一问题上捷克智库学者也有着不同看法。有捷克智库学者认为，捷克在核电站建设和修建高速公路方面与中国合作具有潜力。捷克电力能源多来自火力发电，对本国的污染较严重。根据经济合作与发展组织（OECD）的报告显示，2015 年捷克温室气体排放量在 OECD 国家中居于第六位；2013 年捷克国内因空气污染而致病死亡人数的比例在 OECD 国家中排在第三位。① 所以为了解决空气污染问题，捷克民众支持发展核能以及绿色能源。这方面，中国相关企业有技术和成本优势，且两国达成了相关的合作意向，是

① OECD（2016），"OECD Economic Surveys：Czech Republic 2016"，*OECD Publishing*，Paris，P. 31. http：//dx. doi. org/10. 1787/eco ＿ surveys-cze－2016－en.

未来双边投资合作的重要领域。公路方面，捷克高速公路系统虽然在中东欧地区较发达，但是随着使用量的不断增长，现有高速公路难以满足需求，所以也具有同中国企业进行合作建设的前景。但是，在捷克进行交通基础设施的建设主要依赖欧盟资金，并且严格按照欧盟相关规则进行，中国投资捷克高速公路建设面临一些规则障碍；同时中国此前在波兰修建高速公路的失败案例仍被提起，产生的负面影响久久不能消退。

　　在一些中捷具体的基建合作项目上，捷克国内态度也很不同。例如，中国电建集团参与捷克的多瑙河—奥得河—易北河运河建设项目（三河项目），将承建其中的一段运河。对于这一工程项目，捷克政府及有关人士给予积极评价，认为是中捷两国在"一带一路"倡议下落实的一项重要成果。捷克前副总理兼外长、布拉格新丝绸之路研究会会长扬·科胡特曾向笔者表示，三河项目工程一旦建成将会集航运、防洪、物流、旅游功能于一体，促进流域内基础设施建设和整体经济环境的发展。这一评价代表了捷克政界人士的基本观点。然而捷克智库学者却普遍对三河项目不看好。他们认为，三河项目是捷克政府已经计划多年的，但是一直找不到合作伙伴、资金来源。捷克民众认为水运相比铁路、公路，运输时间成本太高，而且后期维护费用巨大，得不偿失，三河项目最多能发挥一点旅游的作用。三河项目实际上是将捷克境内的多瑙河、奥得河、易北河连接起来，使捷克成为欧洲水运的中心，但是目前这三条河流运输量并不大。此外，三河项目如果要发挥作用，这些河流流经的其他国家也要共同参与进来，才能发挥水上运输的网络化效益。但是目前，除了波兰政府对此项目表现出一定兴趣外，其他流域国家对此兴趣不高。捷克智库学者认为，没有其他有关国家的共同建设，即使三河项目建成，其能够发挥的作用也很有限。所以中国企业参与三河项目建设，在捷克学者看来并不是明智之举。

捷克方面希望与中国建立"平等的"经贸投资关系，即要增加捷克直接的对华出口额，同时，不要一味地引进中国的投资，捷克的企业也要积极到中国去发展。

在中捷贸易中，捷克长期处于贸易逆差的地位。对此，一些捷克智库学者认为，早在捷克加入欧盟之前就开始实行自由贸易政策，对中国产品市场开放度较高。与此相对的是，捷克产品无法大量进入中国市场，其根本的原因是中国市场的开放度不够。捷克的一些产品，如电子通信产品在中国市场获得准入许可是比较困难的；在中国的一些经济领域中，捷克企业必须有中国的合作伙伴才能进行投资；此外，他们也认为捷克在对华出口中面临一些关税壁垒，特别是捷克具有优势的汽车和高端机械产品。在投资领域，捷克在华投资和企业数量很少。捷克学者提出本国在纳米材料、生物医药、垃圾处理设备、航空制造业等方面有技术优势，但是捷克的企业往往比较小，虽然手中掌握技术但是没有资金能力在中国投资设厂，但是与资金充足的中国企业合作又担心技术被中方所掌握，研发和高级管理人才被中方"挖墙脚"。

### 2. 中国发展对捷克投资关系中应注意的问题

当前是中捷关系前所未有的良好时期，捷克方面希望从发展对华关系中获得更大的经济利益。所以，今后要抓紧落实与捷克有关方面达成的各种协议，当然这个过程中中方有关部门也需要对有关合作的协议认真研究，谨慎执行，特别是注意其中的一些问题。

第一，捷克作为欧盟国家，在思想、法律、社会制度等方面完全倒向"西方"。在与该国发展投资关系的时候要注意到对欧盟有关法律、法规的研究。一方面，捷克等中东欧国家往往利用欧盟规则来对我国的投资进行有利于自身的限制，可能这些欧盟规定有不同的解释，甚至是对外国的投资的适用度是模棱两可的。这就需要对捷克国内法、欧盟规定进行全面了解，以法律、规则作为与捷克有关方面打交道的最重要工具。另一方面，相关法律制度也是中国企业、个人维护利益的最有力工具。在进行相关贸易投资活动的过程中，中方应按照其法律规定行事，一旦出现矛盾纠纷，诉诸法律维护权益是最可靠的方法。

第二，中国应发展与捷克优势互补的产业，要寻找重点领域，不能全面铺开。这需要国内有关方面，包括政府部门、智库机构等共同对捷克市场、产业做深入调研，做出自己的判断，切勿完全跟着捷克的导向走，即使是捷克政府主导的。目前，服务业可以是今后中捷两国重点发展的一大领域，服务贸易附加值高，如通信和信息技术服务、创新产业、咨询、科技研发以及旅游业等领域，捷克具有较强的优势。。

第三，中国在推动国内企业走出去的过程中对中小企业、私营企业的支持力度不够，而由于意识形态以及民众社会认知等方面的原因，中国大型国企进入捷克等中东欧国家投资往往被当地人所怀疑。中小私营企业机制灵活，反应迅速，如有国家在金融、投资保障等方面的支持，相信势必能在捷克市场有所作为。2015年8月份，捷克开始实施新修订的《投资鼓励法案》，侧重中小企业吸引外资，特别是在技术研发部门和信息、培训等服务部门，将给予投资者以优惠措施，如不设置最低创造就业人数的限制，给予投资补贴和税收优惠等。这些政策值得中国的中小企业去进一步了解。

第四，对两国经贸投资关系中的一些问题要予以重视和研究。例如贸易逆差问题，在当前捷克方面虽然没有表现出过多的担忧，但是该问题可能会被一些反华势力利用，用来宣传"中国威胁论"，中方应积极向捷克方面宣传介绍，在当前全球生产、贸易一体化十分紧密，实际上贸易逆差的存在并不能反映两国之间真正的贸易关系，也谈不上中国产品会"充斥、占领"捷克市场。在投资领域，近年来中国在捷克的投资额增长迅速，引起了部分捷克人的质疑。特别是中国企业在捷克进行大规模资产收购和基础设施建设投资，被部分捷克媒体看成是中国商人与捷克政府有内部交易，中国资本控制捷克经济的论调经常见诸媒体。在基础设施建设方面，捷克智库学者认为捷克在该方面并不缺乏资金，国内交通基础设施建设情况较好，而且捷克国家较小，建设高速铁路的需求也不高。捷克希望更多地引进"绿地投资"，对资产购买、基础设施建设等方面投资比较敏感。这些问题要引起各方面的注意。

第五，中捷贸易及投资出现的一边倒现象（主要是中国的产品和资本流向捷克），是双边经贸投资的结构性问题，短期内难以改变，这与中国市场开放程度关系不大。中国自加入世界贸易组织（WTO）之后，参与全球贸易一体化以及国内市场的开放程度日趋深入，捷克对华投资和出口额较少的原因主要是捷克企业及产品在中国的竞争力不足，并不是因为中国市场的开放度不够。例如2015年8月，捷克文具生产商考诺尔公司（Koh-i-Noor Hardtmuth）撤销了在华运营了11年的工厂，该企业称这主要是因为成本上涨和竞争加剧。

### 3. 中国在捷克投资案例分析——四川长虹集团捷克公司

为了具体说明中国企业如何在捷克做好投资工作，本报告使用案例分析的方式展示相关内容和建议，希望用更直观、更接地气的投资案例分析来为中国企业在捷克的投资提供参考和借鉴的经验。

中国四川长虹电器公司于 2005 年开始在捷克建立分公司并投资建厂（以下简称"长虹捷克公司"），该厂是中国在捷克投资时间最长的项目。通过实地调研与座谈，笔者根据长虹捷克公司的经验，认为中国企业要在捷克实现成功投资就要理顺以下三种关系。

（1）企业与捷克政府及其法律、法规的关系

第一，中国企业要认真学习和了解捷克相关法律，否则会遭受很大损失。中国企业进入捷克投资的时候往往不能够认认真真学习、了解该国的法律、法规，最主要的是法律意识薄弱，殊不知一旦形成了具有法律效力的文件，就必须按照其执行，很难更改。比如有一家中国企业投资收购了捷克一家有潜力的企业。中国企业自以为是大股东就万事大吉，企业领导人根本没有仔细看相关合同。在收购合同中规定了被收购企业的原有管理层仍保留管理权力，捷克管理层以拥有管理权为名，拒绝中方派人进入企业管理层，企业财政权、用人权中方无从插手，连企业的账本中方都看不到。捷克的管理层实际掌握中方大量的投资，就想法设法把资产转移出去，让自己人获利而造成企业亏损。中国企业对此没有任何办法。

第二，捷克政府官员权力有限，中国企业的合法诉

求可以通过正常渠道向有关部门反映。捷克已经是典型的西方式法制国家，其政府在社会管理中也严格依照法律、法规行事。中国企业在捷克投资时希望能与其政府建立良好关系，使自身的投资利益受到保护。但实际上捷克各级政府及其官员的权力受到法律严格限制，不可能在权限之外给予中国企业更多的优惠。中国有些企业以为有了某些捷克官员甚至是政府的保证，就可以高枕无忧了，然而一旦企业违反了法律规定，各类官员都是无权干涉的。中国企业合理合法的利益诉求完全可通过合法的渠道来获得。例如长虹捷克公司前几年面临着中方员工获得工作签证难的问题，于是就联合其他面临该问题的中国企业联名致信捷克经济部、外贸部等部门，要求予以解决。很快捷克政府就做出回应，并派专人解决了该问题。另外，企业可以找媒体反映问题和情况，一旦捷克媒体发声，政府就会非常重视。有位企业负责人甚至表示，企业去组织员工进行"合法游行"来争取自身权利，也比去找捷克官员"拉关系""走后门"的方式更有效果。

（2）企业与市场的关系

中国企业在捷克投资，就要了解捷克乃至欧洲市场的特点，清楚如何在捷克的市场竞争中找到生存之法。包括捷克在内的许多中东欧国家依赖整个欧盟市场，中国在捷克投资生产的产品主要面向欧洲市场，因此中国企业要对捷克乃至整个欧洲市场特点有所把握。

第一，欧洲市场总体比较稳定，特别是家电这种传统的消费品所拥有的市场总量已经基本固定，很难再找到或扩大新的消费市场。所以中国企业在捷克投资生产这类产品如果想要打开市场，从根本上讲就是要抢占其他企业的市场份额，竞争是十分激烈的，中国的企业在投资之前要做好面对激烈竞争的准备。

第二，捷克以及其他欧洲民众的市场消费观念比较理性、成熟，他们并不太关注品牌，而主要看产品的质量和价格。捷克以及欧洲国家民众并不追逐那些国际大品牌、知名品牌，也就是说只要中国的产品质量好，价格合理就能获得欧洲消费者青睐。长虹捷克公司在提升产品质量方面下足了功夫，所以自 2005 年在捷克投资以来，其产品在欧洲市场的占有率不断提升。

第三，中国企业进入捷克投资应与当地的商会、专业协会等组织沟通交流。捷克的商会以及各行业的专业协会拥有很大的能量，与政界、商界联系广泛，甚至可以通过游说来影响政府的政策、法规。此外，这些组织对本国法律、市场、企业情况非常熟悉，也愿意为中国企业赴捷克投资牵线搭桥。在与商会，特别是华人、华侨组建的商会打交道的时候，也要注意分清良莠，有些商会就是两三个人建立的，往往打着投资中介的旗号，却没有相应的实力。

第四，中国企业在捷克投资不仅要搞好产品生产，还要重视建立自己的销售渠道，形成产销一体。通过实地调研发现，很多捷克商店内出售中国各种品牌的产品，而且当地民众对中国产品比较青睐，但是中国企业获得的利润较低。这主要是因为中国企业掌握不了销售渠道，销售环节的很多利润被捷克的中间商赚取。因此，中国企业在捷克投资要积极开拓并且掌握销售渠道，而捷克国内市场法律健全，没有人或者组织能完全控制某种商品的销售渠道，中国企业完全可以发展产品销售链，开拓销售渠道，这样其产品才能更好地打开捷克乃至整个欧洲的市场。

（3）企业与当地员工的关系

捷克以及其他很多中东欧国家都希望中国企业在该国进行"绿地投资"，以促进当地经济发展，特别是创造出更多的就业岗位。这种绿地投资必然要雇佣大量的当地劳动力，这就要求中国企业搞好和当地员工的关系。

首先，中国企业要仔细制订劳动合同，并严格执行。在捷克，劳动合同这种具有法律效力的文本是十分重要的。劳资双方的权益都要清清楚楚地写在合同中，企业要求员工做合同之外的工作是根本不可能的。劳动合同也是管理、约束员工的最有效工具。

其次，捷克员工注重个人权利的保障，强调满足个人的愿望，这就要求企业在管理中针对个人的特点制定管理细则。例如员工用餐，每个工人对用餐都有不同要求，而且必须被满足，国内企业食堂那种方式在捷克根本行不通。长虹捷克公司专门开发了一套电脑软件系统，工人通过该系统完成点餐、领餐、餐费结算等工作，这就避免了浪费，还照顾到了每个工人不同的用餐需求。

最后，企业要重视当地文化和习俗，尊重员工，拉近与员工的关系。捷克人较为重视享受和个人尊严，注意个人隐私保护。长虹捷克公司曾向工作表现好的员工发放奖金并公示出来，以起到示范效应，但是遭到被奖励员工的反对，认为这是侵犯个人隐私。因此公司不再发放奖金，而是举办档次较高的宴会、舞会，让所有捷克员工充分得到享受和尊重，员工对此非常欢迎。这既减少了企业费用，还大大提高了员工热爱企业的程度。此外，中国企业还要重视在当地做一些慈善活动，这可以大大提高企业在当地人心目中的形象。

在处理以上三种关系的时候，包括长虹捷克公司在内的许多中国企业都遇到过各种各样的问题，获得了很多经验和教训。总之，中国企业在捷克进行投资，需要认真仔细了解该国以及整个欧盟的法律法规，熟悉市场规则，做好企业本地化的工作。

# 四　中国与捷克人文交流现状与问题

就中捷关系来看，近年来政治层面合作不断提升，双边外交联系密切，国家元首、政府首脑互访不断，建立了战略伙伴关系并且签署了多个合作协议和文件。经济方面，双边经贸、投资额不断增长，在制造业、金融业、旅游业领域内的合作不断深化。在政治、经济关系改善和发展的同时，中捷双边人文交流也逐渐热络起来。人文交流是两种不同国家文化交流的重要方式，这主要指的是观点、信息、艺术形式以及其他文化领域内国家及其人民之间的交流与交往，是"软实力外交"的重要组成部分。很多场合下，这种"心灵之间的交流"可以实现其他的外交方式无法企及的效果。人文关系的发展有助于增进国家及其人民之间在文化甚至政策方面的正面认识，强化国家之间的深入合作，降低两国发生冲突的可能性。

当前中捷两国政治、经济关系发展迅速，但是自20世纪90年代以来，双方经历了很长时间的"相互漠视"时期，双方人文交流以及民众之间的相互了解十分欠缺，这一情况直到目前依然如此。就中国方面来说，中国民众对捷克的了解和认知程度比较低，部分中国人（研究捷克的专家学者除外）对捷克的印象仍旧停留在 20 世纪八九十年代，甚至把捷克当成欧洲的"不发达"国家。而捷克民众和社会舆论对中国的了解也不全面，"价值观"和"意识形态"偏见时而存在。

## （一）中捷人文交流的现状

由于人文交流包含的内容十分庞杂，这里仅就几个方面来论述中捷人文交流的现状。

第一，在语言学习方面。中国国内仅有一所大学，即北京外国语大学培养捷克语专业的人才；捷克国内有三所大学设立了和中国有关的专业，他们是查理大学、帕拉茨基大学、马萨里克大学，其中在帕拉茨基大学设有孔子学院（2007 年设立）。此外，捷克的一些中小学也开设了汉语课程，并且在一些私立中学汉语成为必修的外语课程之一。在布拉格，当地华人组织在孔子学院的支持下建立了中文培训学校。帕拉茨基大学孔子学院向大学生提供汉语课程，同时与捷克中小学进行合作，在青少年和儿童中推广汉语。捷克国内对于汉语学习的热情不断高涨，但是汉语师资力量不足。两国在培养捷克语、汉语人才方面还都有待提高。目前，中国在捷克仅有1所孔子学院，相较于其他中东欧国家还是较少的（波兰5所、匈牙利4所、斯洛伐克2所）。中国的北京外国语大学捷克语专业每两年招生一次，平均每年不足10个捷克语专业的学生毕业。现在，随着中国与捷克两国关系的密切发展，国内有几所高校正在筹备开设捷克语专业，当然对于语言人才的培养难以短期内实现，应保持一定的耐心。

第二，文学作品的翻译。捷克历史上出现了米兰·昆德拉、卡夫卡等著名的文学家，他们的作品在中国受到欢迎。捷克民众间有着很浓烈的读书氛围，笔者在布拉格乘坐地铁、电车、火车时经常能看到许多捷克民众捧书阅读。中国有着深厚的历史文化积淀，无论是古代还是现代都产生了很多著名的文学作品。但是目前中国书籍在捷克并不流行，这主要是因为中国书籍的翻译情况不佳。无论是在中国还是捷克，将中文书籍翻译成捷克文的学者、翻译家都较少（这也与语言人才缺乏有关）；而且较多的是翻译中国古典书籍，这种书籍市场销量并不好，中国一些优秀的现代文学作品没有翻译成捷克文，不利于捷克民众对中国现代文化的了解。

第三，两国互派留学生的情况。在 20 世纪 50 年代，中国就派遣留学生赴捷克留学，但是从那时候开始一直到现在两国相互派遣的留学生数量仍然较少。目前这种情况正在得到改善，更多的中国学生愿意到捷克的大学留学，因为一方面捷克大学的专业比较吸引中国学生，另一方面捷克留学的费用明显比西欧国家要低。中国政府正在积极推动更多的捷克学生前往中国学习或者交流。2016 年 7 月份，根据 1 年前达成的协议，中国政府资助 100 名捷克学生赴中国参加夏令营活动。中国政府也宣布在未来 5 年，中国政府向捷克提供 200 个"中捷交流专项奖学金"名额，专门用以支持捷克学生来华留学。①在中国政府的资助下，有更多的捷克学生前往中国留学，并能够切身体验中国的政治、经济、文化氛围，这对两国的关系发展是十分有利的。此外，中国虽然给予了捷克学生更多的赴中国留学的机会，但是中国的教育部门以及大学还没有形成完善的留学生选拔机制，这可能会造成捷克学生在获得资助上出现不平等的情况。另外，

---

① http：//www.fmprc.gov.cn/web/wjdt ＿ 674879/zwbd ＿ 674895/t1373659. shtml.

在中捷教育合作方面也出现了可喜的进展。2016 年 10
月，中捷两国相关部门签订了相互承认学历学位的协议，
这一协议的签署和实施无疑给今后两国的教育合作与人
文交流带来巨大的推动作用。

第四，两国之间文化机构的交流。随着中捷两国关
系的转暖，在文化领域方面，高校、智库、文化团体之
间的交流越来越密切。这种文化机构的交流都比较专业，
往往聚焦于某一个学科或专业领域，民众的参与度不高。
无论是在中国还是在捷克，专门研究对方国家的学者、
专家人数都较少。在中国只有中国社会科学院、中国现
代国际关系研究院、北京外国语大学等机构有专门研究
捷克的学者。在捷克，已有 3 所大学开设了和中国有关
的专业，另外有为数不多的捷克学者从事对中国的研究。
中国与全球各国的关系日益紧密，中国国内媒体上充满
了各种与其他国家进行文化交流的新闻报道和故事，与
捷克有关的内容往往被淹没在这种信息的海洋中，不能
引起中国民众更多的注意。

## （二）中捷人文交流中存在几个问题

第一，更多的捷克人热衷于学习汉语，但相关的教

学内容和汉语师资亟须改善。在开设汉语专业的捷克高校里，学生们已经不满足于语言学习，他们希望开设有关中国的专业课程，比如关于中国商务、中国经济以及中医的课程和专业等，这些专业课程对于捷克大学生今后的就业有很大帮助。因而捷克的大学希望这方面的中国专家、教授能去捷克大学授课。目前，帕拉茨基大学孔子学院已经在做这方面的工作，但是限于资源和渠道有限，还难以找到更多合适的中方专家在捷克大学开设相关课程。汉语师资方面，比较缺乏懂捷克语的教师。在捷克大学和一些中学，使用英语教授汉语不成问题。但是语言学习最好是从小抓起，捷克小学开设汉语课程就面临着会捷克语的汉语老师不足的现状。此外，学习汉语对捷克大学生来说也是一种挑战，帕拉茨基大学孔子学院表示在该大学开设的汉语课程，最终坚持学完的学生不到三分之一，很多学生都于中途知难而退。

第二，中国台湾地区在捷克的文化机构影响力不容忽视。中国台湾多年来与捷克大学、智库机构保持着密切的文化联系。在查理大学设立有中国台湾资助的"蒋经国国际汉学研究中心"，该大学的一批汉学家如罗然（Olga Lomová）与中国台湾关系较近，且经常对中国政府的一些政策进行批评指责。在这样的环境下，查理大学学习中文专业的学生对中国政府的偏见也很深。查理大学附近的一家中国茶馆，是该大学很多学生进行聚会的场所。该茶馆的负责人说来这里的大学生中，学中文的学生比其他专业的学生更加"反华、反共"。此外，查理大学的东亚研究中心以及"汉学研究中心"对中方提出的合作意向比较冷淡。例如捷克的孔子学院希望与以上机构在语言培训以及中捷留学生互换方面进行合作，对方往往以各种借口推脱。因此，中方今后需要对捷克大学等文化机构多做工作，加强合作，进行"融冰"和影响力的投放，逐渐减弱中国台湾在捷克教育文化机构中的影响力。

第三，捷克方面希望在人文交流上与中方对等。捷克政府和舆论希望中捷双方在人文交流中处于平等地位。捷克方面认为既然中国在捷克很早就设立了孔子学院以及中国文化中心，那么捷克也应在中国设立相应的机构，这既是两国人文交流提升的体现，更重要的是体现两国对等的地位。捷克媒体经常在这方面对中国进行指摘，认为有官方背景的孔子学院在捷克的文化交流活动不受限制，而捷克在中国却没有建立相应的对等机制、机构，两国人文交流不平等。已经有捷克智库向其政府部门建议要在中国开设捷克文化中心，但是由于管理体制等方面的原因，未来捷克在中国开设文化中心或许并不是件容易的事情。

第四，如何找到人文、文化交流的好载体，也是亟须考虑的问题。中捷两国要搞好人文交流，就必须有好的承载体，也就是通过怎样的内容和形式才能更好地进行双边文化交流。从捷克国内来说，受到社会文化因素的影响，其民众对中国的古典文化艺术形式比较感兴趣。但是中国的戏曲、绘画、民间工艺等传统艺术形式在捷克仅被当作一种新鲜"玩意儿"而已，往往表演、展览结束后就被遗忘了，这些形式的文化艺术交流，其后期持续的影响力很低。因此，找到一种优质的文化交流载体是很重要的，这里不妨看一下日本茶文化在捷克推广的例子。早在20世纪90年代，日本在捷克布拉格就设立了茶文化学院，向捷克推广日本茶道及其相关产品。时至今日，日本的茶文化对捷克民众影响很深，捷克人也比较认同日本的茶叶产品，反观中国茶叶和相关文化在捷克的知名度却不高。显然，利用某种具有文化承载力的产品推广中国文化，起到的效果会更佳。因此有关方面不妨从茶叶、丝绸、瓷器这些既承载中国文化，又有实际市场价值和使用价值的产品出发，做好文化和人文交流。此外，文学译著也是推广中国文化的重要载体。翻译成捷克语的中国著作多为古典名著或近现代著作，虽然目前莫言的部分小说已经有了捷克文版，但是总体上这些捷克文译著不能反映当前我国社会及人文思想发展的情况，而且这些译著引不起本地民众的阅读兴趣，在捷克市场上的销售情况也极为"惨淡"，很多书店甚至不愿意将这些书上架。捷克民众有着良好的阅读习惯，人均阅读量在世界上也较高，因此有关方面需要寻找到能引起捷克民众思想共鸣的，有时代感的著作进行翻译，吸引更多的捷克读者，通过这些著作来了解中国当前的社会现状。

第五，中方人文交流政策实施需要进一步调整。在中国—中东欧国家"16＋1合作"框架下，人文交流是一项重要内容，且中方给予了相关的政策支持，如增加对中东欧国家留学生奖学金的名额，建立中国—中东欧国家智库交流与合作网络，以及开展各种文化交流活动等。但是目前这些人文交流措施相互之间缺乏协调统一，这也在与捷克的人文交流过程中有所体现。比如近两年来，中国政府大幅增加了捷克学生来华留学的奖学金名额，该事项具体由国内一些高校和相关机构（如孔子学院）进行运作。在招收捷克留学生方面，国家层面没有设置基本的条件，所以导致各个高校机构招生的标准不一，甚至很多高校根本不对捷克学生提出汉语水平的要求。这一方面难以保证捷克学生的质量，另一方面对于其他设有汉语水平要求的高校也是不公平的。很显然今后随着招收捷克留学生数量的不断增加，这种没有顶层政策设计以及基本招生标准的情况，将可能造成招生的混乱无序。

第六，中方人文交流政策在实施过程中多重视各种仪式性活动，如各种文化展览、表演以及各种会议等，而缺乏长期的机制性合作。捷克学者对此表示，这些活动虽然能刮起一阵"中国风"，但仅是一阵风而已，过去之后不会剩下什么实质性的东西。捷克的文化组织、智库机构都希望同中方建立长效的机制性合作，因此有关部门应考虑如何建立起文化交流的长效机制。例如可通过中国—中东欧国家智库交流与合作网络与捷克有关智库机构进行合作，在布拉格设立联合研究中心，保持对中捷关系乃至中国—中东欧关系研究的热度，同时也有利于人文交流的深入。

# 五 深化中捷互利合作的政策建议

通过对中捷政治、经贸、投资、人文交流等双边关系现状及相关问题的梳理和研究，本报告就以上关系领域提出了相应的政策建议。

## （一）中捷关系未来发展趋势分析

第一，总体上欧洲的政治环境正在改变，政治上的"新实用主义"越来越流行，公众对人权外交的兴趣逐渐减弱。在这种情况下，捷克的对华政策将跟随整个中欧关系的发展而不断改善，中捷两国可以寻找的利益交汇点会越来越多，捷克或许能形成新的、务实的外交政策理念替代人权外交来发展对华关系。

第二，中捷建立战略伙伴关系后，捷克方面期待能从与中国政治关系的提升中获得更多的利益。中捷战略伙伴关系的建立，无疑表明双边政治关系已经渐入佳境，为两国在各领域的合作提供了前所未有的良好环境。捷克公众以及媒体对于"战略伙伴关系"并没有十分深刻的理解，但是在中国国家主席访问捷克期间，捷克政府进行了最高规格的接待，而对其他西方大国的首脑来访，捷克从未有过如此高规格的接待。捷克公众认为既然捷克给予中方领导人如此高的礼遇，且耗费了大量的人力、物力，此后捷克就应从这种对华友好关系中获得利益，特别是希望尽快落实达成一系列合作协议。如果合作无法尽快落实的话，会有人借机炒作中国发展与捷克的关系诚意不足，不会给捷克带来实际利益。

第三，由于捷克国内反华势力仍具有较大影响力，不排除在对华关系上可能出现反复，要对此有所准备。捷克国内政界、知识界及媒体中仍存在很大一股反华力量，他们在涉藏、人权问题上从没有停止对中国政府的指摘，在环境成熟的情况下有可能对中捷关系产生严重的负面影响。所以中方应意识到，虽然中捷关系的前景是光明的，但是两国关系中的"暗礁"也是存在的，需要引起各方面的注意和相关准备。

## （二）推动中捷关系发展的政策建议

根据以上中捷关系发展趋势以及两国关系中存在的问题，本报告将从政治、经济和社会文化的角度提出相关政策建议。

### 1. 政治关系方面

（1）利用好"16+1合作"机制和"一带一路"倡议

捷克与中国关系的发展，"16+1合作"框架和"一带一路"倡议的作用不容忽视。在"16+1合作"框架和"一带一路"倡议推动下，新上台的捷克政府看到了其他中欧国家发展与中国关系的机遇，从而有了紧迫感。目前，地方合作是中捷合作的亮点，"16+1合作"省州长联合会也放在捷克内务部，中国可积极用好这一机制，发挥捷克在这一机制上推动"16+1合作"和"一带一路"倡议的引领作用。特别是通过中方的宣传介绍以及发挥捷克知华、友华人士力量，积极向捷克民众介绍"一带一路"倡议与"16+1合作"机制，打消捷克公众舆论对以上倡议和机制的政治疑虑。

（2）积极探讨与维谢格拉德集团的对话与合作

维谢格拉德集团是捷克重点利益所在，目前轮值主席国由捷克担任。在维谢格拉德集团框架下，捷克同波兰、匈牙利、斯洛伐克展开了各领域的合作，影响力日益提升。中国不应忽视这一地区集团的影响力，可以考虑深度挖掘维谢格拉德集团与中方经贸合作甚至在安全领域合作的可能性，从而为中国和捷克合作创造新的平台和空间。

（3）注意跟踪捷克政界及政党力量的变化

目前捷克掌权的是三个党组成的联合政府，属于中左翼，其中社会民主党是议会最大党，泽曼、索博特卡等亲华的捷克政府领导人多来自这个党。政治联盟内部排在第二位的 ANO2011 运动党，其无论是议会中的席位还是在民众中的支持率都很高。甚至媒体猜测该党有可能今后取代社会民主党成为捷克最大党。该党自称属于中间派民粹主义政党，以反腐败为最重要的政治口号，该党的领导人安德烈·巴比什（Andrej BABIŠ）是捷克排名第二的富翁，控制着捷克大量的传媒企业，现担任捷克副总理兼财政部长，在政府以及舆论界的影响力很大。目前巴比什及其党派没有提出对发展对华关系的质疑，今后中国有关方面应及时跟踪该党的情况，了解其领导人的主要思想动向，及时为今后制定对捷政策提供意见参考。

**2. 经贸合作方面**

（1）深入研究包括捷克在内的中东欧国家产业发展情况，发掘中国与之优势互补的产业

以捷克为例，该国汽车制造业、电子产业以及高端

机械设备制造业十分发达。例如斯柯达汽车在中国市场有较大的销量，已经具有了一定的品牌影响力。实际上，捷克城市污水、垃圾处理方面的技术和设备也是比较先进的。另外，捷克在飞机制造、生物制药等领域也有较高的水平，一批技术水平先进、研究开发能力强的捷克企业将会在中国找到更广阔的市场。

（2）加强中国地方政府与捷克等中东欧国家的合作

中东欧国家普遍人口较少，经济体量较小，很难与中国如此之大的经济量相比较，但是可与中国地方省市开展特色合作。目前，四川、重庆、浙江、江苏、河北等省市都在积极开展与中东欧国家的地方合作，声势日渐强大。例如四川省已经与捷克签订了旅游合作协议，并且开通了成都至布拉格的空中直航，上海也开通了直飞布拉格的航班。双边地方合作有不少好的例子，当然也存在一些盲目竞争、互相攀比的现象。但是目前的情况下中国地方政府应该抓住中国与捷克积极发展"16＋1合作"的战略机遇，地方省市政府可以与捷克这样的经济、社会发展水平较高的中东欧国家进行贸易、金融、制造业、旅游、服务业等方面的深入合作，这种地方合作方式有利于平衡双方的贸易逆差。中国目前开通了渝新欧、郑新欧等多条中欧班次列车，与中东欧国家的之间货运通道初具规模，但是仍存在空车运输现象，所以进一步发掘地方政府与捷克等中东欧国家的合作，寻找合适的贸易产品是消除贸易逆差的重要途径。捷克的"中国投资论坛"举办后，产生了较好反响，成为推动中捷合作的一个重要平台，中方应积极利用并完善这个平台，推动双方的投资和金融合作。

（3）在捷克寻找优良的投资项目，以投资带动贸易的良性发展

当前国际贸易环境下，贸易与投资紧密地联系在一起了。捷克的劳动力素质较高，且价格较西欧相对较低，该国政治环境稳定，政府透明度和运作效率在中东欧地区较好，捷克目前也在积极寻求外国的投资。尤其是欧盟经济难有重大起色，以及在乌克兰危机、难民危机的影响下，捷克国内民众质疑欧盟的情绪有所高涨。在这样的情况下有利于中国的资本进入捷克，利用该国优势资源，与捷克在产能转移方面加强合作，提高当地就业率，平衡两国贸易逆差，可以做到多方受益。

（4）在贸易逆差问题上，中国的有关方面应该有正确的认识

捷克大部分精英对双边贸易不平衡问题都有比较正面的认识，捷克对此并不感到问题严重，但也意识到这是短期内难以解决的问题，因此中国政府也不必为平衡贸易逆差采取一些干涉行动，应以市场为导向推动双边贸易均衡、健康的发展。

（5）推进中捷之间在机械和装备制造业领域的对接与合作

捷克在机械制造领域水平较高，是德国等欧洲国家机械制造产业链的一部分，其工业发展计划紧跟德国的"工业4.0计划"，又独具特色。捷克承接了来自德国、法国、意大利等汽车、电子、化学工业等产业链的一部分，中捷在汽车、电子等领域推进国际范围内的合作具有较大潜力。可在重点探讨"中国制造2025"与德国"工业4.0计划"对接的情况下，将合作模式引入中捷产业合作，着力打造"中国制造2025"与捷克"工业4.0计划"的对接，同时积极加强与第三方，尤其是德国的合作。

（6）在投资方面，中国对捷克的投资要以我为主，

多路并举，开拓各种优质投资领域

捷克以及很多中东欧国家都希望中国多来从事"绿地投资"，但是这种投资的风险和面临的竞争压力都比较大。中国企业目前还处在适应欧盟市场和有关规则阶段，未来随着中国欧洲海外投资经验的丰富，"绿地投资"的经验将会增加。"绿地投资"面临的风险和竞争压力是较大的，中国企业在捷克进行大型"绿地投资"需要谨慎，切勿为了"绿地投资"而"绿地投资"，应以市场和企业发展为导向，寻找适合的投资项目和领域，扎实稳步地进行"绿地投资"。

（7）在基础设施建设方面，中捷两国今后具有合作的前景，但要注意投资风险

在基础设施建设投资和资源、资产方面的投资上，中方不能因为捷克国内有反对的舆论而在这方面停滞不前，只要按照相关的法律、法规，符合相关建设标准，中国参与基础设施建设投资还是有广阔前景的。此外，捷克以及其他中东欧国家由于转型的社会历史经验，对外来资本收购本国资源、资产都具有一种敏感性、警惕性，这并不仅仅针对中国，对其他国家甚至是欧盟大国在捷克进行的这一类收购投资也有这种敏感性、警惕性，

只要有关投资、收购符合各方利益和相关法律，中方企业就应积极参与其中。目前除了能源方面有所进展之外，捷克在其他基建领域与中国合作的愿望不高。目前，中方有关部门应对参与"三河项目"的有关风险和前景做进一步的深入研究和调查，切勿被捷克政府所主导。

### 3. 人文交流方面

在当前中捷两国关系不断发展的背景下，两国政府都努力争取在文化交流上拥有更加密切的关系。尤其是中国政府方面，无论是在资金支持以及机构（大学、智库）建设方面都给予了很大的重视。当然，两国在文化关系的促进方面还有很长的路要走。

（1）依托"16+1合作"平台，形成中东欧国家的整体影响力

相对中国来说，中东欧16国都是体量较小的国家，在中国外交领域事务越来越庞杂的今天，如果想每一个中东欧国家都在政治、经贸、文化关系方面在中国民众中留下深刻的印象，这是不现实的。目前，中国政府正在努力推动"16+1合作"，并且这种势头在未来很长一段时间内不会改变。为了增强中国与捷克之间的文化交流和民众之间的相互认知，"16+1合作"平台是不可或

缺的，捷克如果能在该平台上发挥更加积极主动的作用，这将会给中国民众的印象越来越深刻。捷克政府已经多次表示要使捷克成为"16＋1合作"的领导力量，以及中国进入欧洲的桥梁。虽然两国有越来越多的人了解到了该平台，但是相对来说了解这些的人数还是较少，这需要两国有关机构不仅是在政治、经济领域方面重视"16＋1平台"的重要性，也需要在社会、文化交流方面发挥"16＋1合作"平台的影响力和作用。

（2）两国人文交流的机制创新

人文交流的促进需要付出耐心，在这一过程中两国在人文交流机制方面要进行创新。首先，要重视智库交流的作用。中国政府越来越重视智库的建设，去年成立了中国—中东欧国家智库交流与合作网络（"16＋1"智库网络），推动中国与中东欧国家的智库开展交流、合作。中捷两国智库之间今后可以在更多的领域内进行合作，比如共同的研究项目、学者互访、学术成果出版等，如果能有更多的智库对中捷关系进行研究，其产生的影响力是巨大的。有一批捷克学者致力于中捷关系的研究，希望这些捷克学者也能加入"16＋1"智库网络之中。"16＋1"智库网络得到中国政府的大力支持，每年获得数量可观的经费，该智库希望能与更多的捷克学者在有关领域进行合作，为中捷关系的发展提供智力支持。

其次，为了加强中国民众对捷克认知，可以在华设置文化中心、建立关于介绍捷克的网站。目前，中东欧国家的波兰、匈牙利、罗马尼亚等国在中国建立的文化中心，积极宣传本国社会、文化、教育情况，让更多的中国人了解到了这些国家的现状。此外，在互联网越来越发达的今天，更多的民众是通过互联网来了解这个世界的。所以，捷克可以考虑在中国设立有特色的文化中心，并且开办有关捷克社会、经济、文化等各方面内容的网站。目前，已经有捷克学者提出了以上的建议。但是，要引起注意的是，在中国建立捷克文化中心并不是轻而易举的事情，将要面临很多行政管理方面的审批，这需要两国政府的积极推动，捷克方面也应在资金和人员方面给予长久支持。另外，相关网站的建立和维护也需要持久投入，有些介绍中东欧国家的网站虽然建立起来了，但是缺乏后期维护和信息更新，所以很快就被人们淡忘了。

（3）挖掘现有的文化交流合作的内容

除了要有新的创新机制外，中捷双方也应该进一步发掘现有文化、教育交流机制、机构的潜力。这可以从以下几个方面来进行。

首先，扩大中国在捷克汉语教学机构的影响。一方面，要增加捷克孔子学院、汉语培训班的数量，让更多的捷克学生获得学习汉语的机会；另一方面，孔子学院、捷克的中国文化中心等机构也要承担更多宣传介绍中国当前政治、经济、社会情况的任务，特别是开展与中国有关的专业性的课程。例如，捷克学生对于中国商务、中医学都非常感兴趣，希望这样的中国专家能够给他们授课。孔子学院现在正在积极运作这一项目，邀请中国高校的相关专家去捷克大学授课。

其次，中捷文化产业的合作，今后将会有很大的潜力。文化产业不仅属于中捷两国经济合作的范畴，而且也对两国的人文交流和文化关系的促进发挥着重要的作用。例如，有一部电影叫作《有一个地方只有我们知道》，该电影讲述了中国人在布拉格的爱情故事，主要外景地也是布拉格。这是首部在捷克政府支持下，中捷有关方面合作拍摄的电影。电影于 2015 年在中国上映，取得了 2.8 亿人民币的票房（约合 0.42 亿美元），① 受到

① https：//en. wikipedia. org/wiki/Somewhere _ Only _ We _ Know _ (film).

中国年轻人的欢迎。也正是因为这部电影，很多中国人知道了布拉格的美丽与悠久的人文历史，据布拉格当地的导游表示，很多人在看过这部电影后决定来捷克旅游。从这个例子就可以看出，中捷两国文化产业的合作具有广阔的前景，同时还能促进双边的人文交流。

最后，旅游业对于促进文化关系和人文交流也起着很大的作用。无论是捷克人还是中国人，每年都有大批游客前往对方国家旅游。中国 2015 年赴捷克旅游的人数更是达到了 28.3 万，近年来，赴捷克旅游的中国游客年均增长 30% 左右，中国成为捷克第八大海外客源国。[①] 捷克具有优质的旅游资源，且处于欧洲的中部，地理位置优越，与周边国家的交通联系方便，同时捷克社会治安较好，近几年来也没有发生重大的恐怖袭击和安全事件。这都让越来越多的中国人把捷克作为旅游的目的地。目前，中捷两国政府在旅游合作方面达成很多成果，如开通了三条中国至捷克的直飞航线，在中国成都、上海设立了新的领事馆等。今后两国有关机构应考虑如何将人文交流的因素更多地融入旅游业中，让两国民众在旅

---

① http：//paper. people. com. cn/rmrbhwb/html/2016 - 04/07/content_1668264. htm.

游中了解彼此的文化、历史和社会传统。

　　总之，人文交流需要各方付诸长期有效的努力，而且不像中捷政治、经济关系那样可以通过数量、数据以及标志性事件（如建立战略伙伴关系、经贸投资数据）来衡量关系走势的强弱，人文交流是很难用数据、数字来体现的。人文交流的效果往往是潜移默化式的，但是这种交流一旦达到一定水平和层次，其推动两国关系全面发展的效果也是十分明显的。当然，人文交流也并非"空中楼阁"，也需要中捷双边政治、经济等领域关系有稳定的基础，而且人文交流与双边政治、经济领域交流是相互联系以及互动的。

刘作奎，历史学博士，中国社会科学院研究员，中国社会科学院欧洲研究所中东欧研究室主任、"16＋1"智库交流与合作网络秘书处办公室主任。目前担任国务院发展研究中心特约研究员、中国国际问题研究基金会研究员、北京外国语大学区域与全球治理高等研究院高级研究员、中国社会科学院地区安全研究中心研究员、首都师范大学文明区划研究中心特约研究员等。德国曼海姆大学、日本青山学院大学、波兰国际事务研究所、拉脱维亚国际事务研究所等多国访问学者。独著或合作完成专著多部，发表在中外核心刊物上的论文有40余篇。主持国家社科基金项目、中国社会科学院重大项目、外交部、国家发展和改革委员会、国家开发银行等项目多个。其撰写的内部报告曾获得院优秀对策信息一等奖，撰写的智库报告曾获得中国社会科学院优秀国家智库报告。

鞠维伟，1982年6月出生，山东济南人，历史学博士、政治学博士后，现为中国社会科学院欧洲研究所助理研究员，主要从事欧洲国际关系和中东欧研究，其研究成果发表在国内多家核心刊物上。

Richard Q. Turcsanyi（理查德·图萨尼），捷克布尔诺门德尔大学助理教授，斯洛伐克亚洲研究所副所长。他长期关注当代中国政治现状和外交政策研究，对中欧关系特别是中国—中东欧国家合作有着广泛的研究。

Tereza De Castro（特蕾莎·德·卡斯特罗），经济学博士，布拉格经济大学国际关系学院世界经济系助理教授。她多次来华进行学术交流，对中国经济和中国—中东欧经济关系有着较深入的研究。